Sehnsucht Ecstasy

Henriette Wich

Sehnsucht Ecstasy

Henriette Wich

Klopp · Hamburg

Die Handlung und die Personen in diesem Buch sind frei erfunden. Ähnlichkeiten mit lebenden Personen sind rein zufällig. Die Entstehung dieses Buchs wurde unterstützt von *mindzone*, der Initiative für drogenfreies Feiern (Projektträger: Landes-Caritasverband Bayern e. V.).

Mix
Produktgruppe aus vorbildlich bewirtschafteten Wäldern und anderen kontrollierten Herkünften
www.fsc.org Zert.-Nr. GFA-COC-1223
© 1996 Forest Stewardship Council

Einband und Reihengestaltung von Kerstin Schürmann, formlabor
Satz: Utesch Media Processing GmbH, Hamburg
Reproduktion: Die Litho, Hamburg
Druck und Bindung: Clausen & Bosse, Leck
Printed in Germany 2008
ISBN 978-3-7817-2350-4

www.erika-klopp.de

Man sieht nur mit dem Herzen gut.
Das Wesentliche ist
für die Augen unsichtbar.

Antoine de Saint-Exupéry: Der kleine Prinz

1. Kapitel

Kira

Drogen waren nie ein Thema für mich. Ich wusste natürlich Bescheid, rein theoretisch. In der Schule haben sie uns aufgeklärt über Cannabis, Speed, Kokain und so und auch über Ecstasy. Sie haben uns erzählt, dass diese Stoffe gefährlich sind und dass wir unbedingt die Finger davon lassen sollen. Zu Hause haben wir auch ab und zu darüber geredet. Meine Mutter hat dann immer erleichtert geseufzt: Dieses Problem haben andere Familien, wir zum Glück nicht. Meine Töchter würden so was nie tun … Bei Jessie hat sie recht behalten, bei mir nicht.

»Bist du sicher, Kira«, sagte meine Mutter, »dass du das vorspielen willst?«

Ich nahm die Hände von den Tasten und klappte den Klavierdeckel zu. Die Bemerkung hatte mir gerade noch gefehlt. Ich wusste selbst, dass ich zu spät angefangen hatte, die Beethoven-Sonate auswendig zu lernen.

Meine Mutter hob beschwichtigend die Schultern. »Ich mein ja nur, weil du dich gerade dreimal hintereinander an derselben Stelle verspielt hast.«

»Willst du mir sonst noch was sagen?«, fragte ich, weil sie immer noch hinter mir stand.

Meine Mutter schüttelte den Kopf. »Eigentlich nicht. Nur dass wir in einer halben Stunde los müssen.«

»Ich weiß«, sagte ich und wartete, bis sie endlich verschwunden war.

Meine Mutter hat ein tolles Timing für die unpassendsten Bemerkungen in den unpassendsten Augenblicken. Statt mich für meinen Auftritt beim Jugendmusikwettbewerb zu motivieren, setzte sie mich noch mehr unter Druck, als ich es sowieso schon war.

Ich klappte den Klavierdeckel wieder hoch und fing von vorne an. Prompt verspielte ich mich schon im dritten Takt. Super! Meine Mutter hatte es geschafft. Jetzt war auch noch meine Konzentration weg. Ich atmete einmal tief durch und fing wieder an. Diesmal lief es besser, doch am Ende der ersten Seite lauerte die berüchtigte Stelle. Ich wusste schon vorher, dass meine Finger wieder danebengreifen würden. Genau das taten sie dann auch. Wütend fuhr ich einmal kreuz und quer über die Tasten. Auf ein paar Dissonanzen mehr oder weniger kam es jetzt auch nicht mehr an. Dann klappte ich den Deckel endgültig zu und stand auf.

So kurz vor dem Auftritt noch zu üben, hatte sowieso keinen Sinn. Was ich jetzt nicht konnte, würde ich auch in der nächsten halben Stunde nicht mehr lernen. Außerdem musste ich noch die Klamottenfrage klären. Wenn mir gleich alle auf die Finger starrten, wollte ich wenigstens ein schönes Oberteil anhaben. Vielleicht konnte ich mir ja was von Jessie ausleihen.

Ich lief die Treppe hoch zu ihrem Zimmer und klopfte.

»Komm rein«, sagte sie.

Meine große Schwester lag mit einem Bildband auf ihrem Bett. Auf dem Umschlag war eine Frau mit einem dicken Bauch zu sehen, die in die Kamera lächelte. Seit Jessie erfahren hatte, dass sie schwanger war, hatte sie genau denselben entrückten Blick in den Augen wie die Frau auf dem Foto.

»Wusstest du, dass beim Fötus schon im vierten Monat alle Organe ausgebildet sind?«, fragte sie.

»Nein, wusste ich nicht. Klingt spannend«, behauptete ich, obwohl ich diese besondere Tatsache und das Leben meiner Schwester im Allgemeinen alles andere als spannend fand. Seit zwei Jahren studierte sie Sozialpädagogik, das langweiligste Fach, das ich mir vorstellen konnte. An der Uni hatte sie einen mindestens genauso langweiligen Kommilitonen kennengelernt, sich Hals über Kopf in ihn verliebt und war sofort schwanger geworden. Jetzt wollte sie das Studium abbrechen und sich nur noch um das Kind kümmern. Der reinste Albtraum.

»Leihst du mir ein Oberteil?«, fragte ich. »Ich brauch was für den Wettbewerb.«

Jessie war schon wieder in ihr Buch vertieft. »Was hast du gesagt?«

»Ob du mir ein Oberteil leihst«, wiederholte ich.

Meine Schwester nickte abwesend. Ich war mir ziemlich sicher, dass sie mir auch beim zweiten Mal nicht richtig zugehört hatte. Normalerweise war sie nämlich nicht so großzügig und machte immer ein Riesentheater um ihren gut bestückten Kleiderschrank. Im Gegensatz zu ihrem langweiligen Lebensstil hatte sie einen erstaunlich extravaganten Klamottengeschmack.

Die Gelegenheit musste ich ausnutzen. Schnell ging ich zum Schrank und durchforstete ihn. Bei einem langärmeligen Shirt mit einem psychedelischen Siebzigerjahre-Muster blieb ich hängen. Das war perfekt.

»Danke dir«, sagte ich und verdrückte mich so unauffällig wie möglich.

»Wofür?«, fragte Jessie.

Ich beschloss, ihre Frage lieber nicht zu beantworten. In meinem Zimmer tauschte ich meinen Pulli gegen das Shirt und drehte mich vor dem Spiegel. Das braune Muster passte gut zu meinen Augen, nur meine langen braunen Haare wirkten viel zu brav. Vielleicht sollte ich mir doch Dreadlocks machen lassen, wie Sofie, eine aus der coolen Partyclique aus meiner Klasse. Wie auch immer, das unruhige Muster würde die Zuhörer hoffentlich erfolgreich von meinen Fehlern ablenken. Fehler war das falsche Stichwort. Als ich den Stoff des Shirts glatt strich, merkte ich, dass meine Hände feucht waren und leicht zitterten. Meine Knie wurden auch schon ganz weich.

»Lampenfieber?«, fragte mein Vater, der plötzlich in der Tür stand. Ich zuckte zusammen.

»Die Tür war offen, und da dachte ich …«, sagte er und fuhr sich mit den Händen durch die kurzen grauen Haare. Offenbar war er gerade aus dem Büro gekommen, denn er trug noch sein typisches Architekten-Outfit: schwarzen Rollkragenpulli und schwarze Jeans.

Ich nickte. »Schon okay.« Meine Stimme klang heiser.

Mein Vater klopfte mir auf die Schulter. »Das wird schon.

Du bist sowieso die Beste. Die anderen können doch gar nicht gegen dich anstinken.«

Wie gut, dass mein Vater sich da so sicher war. Wenn es nach ihm ginge, würde ich morgen den Nobelpreis bekommen, nur weil ich zufällig zu den Besten in meiner Klasse gehörte und ganz passabel Klavier spielte.

»Wir sollten langsam losfahren«, sagte ich.

»Alles klar«, sagte mein Vater. »Dann trommle ich mal den Rest unserer wunderbaren Familie zusammen.«

Am liebsten hätte ich ihn davon abgehalten, aber gegen meinen Vater war ich machtlos. Wahrscheinlich lag es an seinen vielen Überstunden und seiner seltenen Anwesenheit zu Hause, dass sein Familiensinn so besonders ausgeprägt war. Seit ich mit sechs angefangen hatte, Klavier zu spielen, bestand er darauf, dass zu jedem meiner Auftritte, selbst zu den total unwichtigen in der Musikschule, die komplette Familie antanzte.

Fünf Minuten später saß ich im Auto und knöpfte meine Jacke bis oben zu, damit Jessie das Shirt nicht sehen konnte. Mein Vater steuerte den Wagen in Richtung Innenstadt. Je näher wir dem Ziel kamen, umso mulmiger wurde mir. Dass nach den beiden Vorrunden in der Musikschule der Abschluss des Wettbewerbs im Rathaussaal stattfinden würde, beruhigte mich nicht wirklich.

Da drehte sich meine Mutter zu mir um und lächelte. »Du schaffst das schon.« Es klang eher wie: »*Hoffentlich* schaffst du das, und hoffentlich blamierst du uns nicht.«

»Klar«, murmelte ich.

»Kommen deine Freunde, die zwei anderen Streber, auch?«, fragte Jessie.

Ich zog nur müde die Augenbraue hoch. Jessie war in der Schule nie richtig gut gewesen, und das wurmte sie ziemlich. »Ich nehme an, du meinst Nico und Amelie?«, sagte ich. »Ja, ich glaub schon, dass sie kommen.«

Heute brauchte ich meine Clique zur Unterstützung. Sicherheitshalber klappte ich mein Handy auf und checkte die SMS. Nico hatte manchmal die schlechte Angewohnheit, im letzten Moment abzusagen, weil ihm spontan irgendwas anderes einfiel. Doch diesmal hatte er keine SMS geschickt. Ich klappte das Handy zu, und dann waren wir auch schon da. Mein Vater schnappte einem anderen Autofahrer die letzte Parklücke weg. Dessen wütendes Hupen ignorierte er mit einem breiten Grinsen. »Sorry, aber wir haben eine Künstlerin an Bord.«

Die »Künstlerin« flüchtete als Erste aus dem Wagen.

»Bis später«, sagte meine Mutter.

»Viel Erfolg!«, brüllte mein Vater mir nach, als ich bereits die Straße überquert hatte.

Prompt drehten sich zwei süße Jungs um, die ich flüchtig aus der Musikschule kannte, und grinsten. Schnell bahnte ich mir zwischen ihnen einen Weg zur Tür. Die Eingangshalle des Rathauses war bereits richtig voll. Schüler, Eltern und Verwandte drängelten sich an der Garderobe. Dazwischen sprangen drei aufgeregte Fünftklässler herum, die heute zum ersten Mal vorspielen durften. Ich stellte mich auf die Zehenspitzen und suchte zwischen all den Köpfen meine Freunde.

Da ragte ein heftig winkender Arm aus der Menge. »Hier sind wir!«, rief Amelie. Erleichtert schob ich mich zu ihr und Nico durch.

Amelie fiel mir um den Hals und drückte mir zwei Küsschen auf die Wange. »Ich freu mich schon so, ich kann's kaum noch erwarten. Mensch, ich bin so aufgeregt, als müsste ich selber vorspielen, dabei muss ich das zum Glück ja nicht, ich würde auf der Stelle tot umfallen. Was spielst du gleich noch mal? Brahms? Schubert?«

Ich musste lachen. Außer Amelie kannte ich keinen Menschen, der so viele Sätze auf einmal loswerden konnte, ohne dazwischen ein einziges Mal Luft zu holen. Das Verblüffendste dabei war, dass sie auf Englisch und Französisch genauso schnell reden konnte.

»Errare humanum est«, sagte Nico. »Sie spielt Beethoven!«

»Genau, irren ist menschlich«, wiederholte ich, während Amelie Nico einen Stoß in die Rippen versetzte.

Im Gegensatz zu Amelie ging Nico eher geizig mit Worten um. Dafür hatte er einen ziemlich trockenen Humor, den allerdings nicht jeder verstand. Kein Wunder, denn Nico hatte eine Vorliebe für lateinische Sprichwörter, die er so eifrig sammelte wie andere Jungs aus unserer Klasse Mädchen. Manchmal zog ihn jemand damit auf, aber meistens ließen sie ihn in Ruhe. Amelie und mich zum Glück auch. Nur ab und zu murmelte jemand hinter unseren Rücken »Streber-Clique« oder so was in der Art.

»Musst du dich eigentlich vorher noch einspielen?«, fragte Amelie.

Ich schüttelte den Kopf. »Nee, das lass ich lieber.« Dann erzählte ich ihr und Nico von meinen erfolglosen Anstrengungen zu Hause.

Amelie prustete los. »Das Gesicht deiner Mutter seh ich

richtig vor mir, diesen typischen Erzieherinnen-Blick. Sie arbeitet eindeutig schon zu lange im Kindergarten, jetzt kann sie Beruf und Privatleben nicht mehr trennen.«

»Kinder bringen Segen«, sagte Nico leise vor sich hin, ohne eine Miene zu verziehen.

Da musste ich auch lachen. Doch dann fiel mir auf, dass die Eingangshalle sich inzwischen verdächtig geleert hatte. »Ich glaube, ich sollte mal los. Sonst verpass ich noch meinen Auftritt.«

»Okay«, sagte Amelie. »Ich wünsch dir was, ich drück dir ganz, ganz fest die Daumen, und ich werde klatschen, bis mir sämtliche Finger abfallen, dann muss ich nämlich nie mehr Cello spielen, ha! Aber erzähl das bloß nicht meiner Mutter, sie ist nämlich auch da.«

»Du willst klatschen, bis dir die Finger abfallen?«, fragte Nico. »Das wär aber schade. Ich liebe deine falschen Töne.«

Sofort stürzte sich Amelie auf Nico und tat so, als wollte sie ihn erwürgen. Ich ließ die beiden alleine weiterkabbeln und machte mich auf die Suche nach dem Hintereingang der Bühne. Ich musste nur der dissonanten Lärmquelle nachgehen, um die anderen Teilnehmer des Wettbewerbs zu finden. Die Streicher und Holzbläser stimmten ihre Instrumente und probierten schnell noch ein paar Tonleitern und schwierige Läufe. Die anderen machten sich gegenseitig verrückt mit den neuesten Gerüchten über die Jury. Von Letzteren würde ich mich bestimmt nicht anstecken lassen. Ich verdrückte mich in eine einigermaßen ruhige Ecke, zog meine Jacke aus und schnappte mir das Programmheft. Wie üblich kamen zuerst die kleinen Klavierschüler dran, danach die Bläser, und als Letzte vor der Pause sollte ich spielen. Wenigstens hatte ich es dann hinter mir und musste nicht bis zum Ende wie auf Kohlen sitzen wie sonst oft.

»Es geht los!«, zischte plötzlich ein Mädchen.

Da klatschte die Leiterin der Musikschule in die Hände. »Ich wünsche euch allen viel Erfolg! Denkt nicht an die Jury, habt einfach Spaß!«

»Die hat leicht reden«, murmelte ein Klarinettist. »Sie muss ja nicht da raus.«

Damit hatte er auch wieder recht. Dann schob die Leiterin auch schon den jüngsten Klavierspieler auf die Bühne, einen niedlichen Jungen mit blonden Locken. Hinter dem Vorhang hörte ich das Rauschen des Applauses. Ich strich mein Shirt glatt, obwohl es eigentlich längst glatt war, und versuchte, meine feuchten Hände wieder trocken zu bekommen, mit dem Ergebnis, dass es nur noch schlimmer wurde.

Da kam Martin auf mich zu, mein Klavierlehrer, mit seinem typischen Grinsen im Gesicht. Wie viele andere Schüler, die sich auf den jüngsten Lehrer der Musikschule gefreut hatten, hatte er damit auch mich in der ersten Klavierstunde getäuscht. Statt locker-flockigem Unterricht quälte er mich nämlich schon bald mit den fiesesten Etüden, Tonleitern und Fingerübungen.

»Ich bin sehr gespannt auf deine Beethoven-Interpretation«, sagte er.

»Ich auch«, behauptete ich und hoffte inständig, dass er nicht fragte, ob ich auch fleißig geübt hatte.

Zum Glück tat er es nicht und blieb nur kurz neben mir

stehen, bevor er in den Zuschauerraum ging. Wie ich meinen Vater kannte, hatte er garantiert einen Platz in der ersten Reihe für ihn frei gehalten. Und dort saßen sie dann alle aufgereiht: mein Vater, meine Mutter, Jessie und Martin, als ob sie nicht zu den Zuhörern, sondern selber zur Jury gehören würden. Allein bei dem Gedanken wurde mir schon schlecht.

Die Kleinen kamen und gingen, ihre Stücke waren angenehm kurz. Dann machten sich die Bläser bereit. Wenn sie fertig gespielt hatten, war ich dran! Um mich abzulenken, versuchte ich, der Musik zu lauschen. Aber jedes Mal schweiften meine Gedanken schon nach ein paar Takten ab, und schließlich gab ich es auf. Dann kam der Applaus.

»Augen zu und durch!«, sagte der Klarinettist grinsend zu mir.

Ich nickte nur und brachte kein Wort heraus. Das Herz schlug mir bis zum Hals hinauf, während ich wartete, dass der Applaus abebbte. Dann biss ich die Zähne zusammen und schob den Vorhang auseinander. Grelles Scheinwerferlicht empfing mich zusammen mit dem wiedereinsetzenden Klatschen der Zuhörer. Vorschusslorbeeren. Mit weichen Knien ging ich zum Flügel, setzte mich, schloss die Augen, legte die Hände auf die Tasten.

Im Kopf hörte ich die ersten Töne der Sonate, das Tempo, die Stimmung. Alles andere fiel von mir ab. Ich dachte nicht mehr an die Zuhörer, nicht mehr an meinen Lehrer, plötzlich war nur noch die Musik in meinem Gehirn. Ich ließ sie durch meinen Körper strömen und wartete. Erst als ich sie überall spürte, in jeder einzelnen Faser meiner Nervenenden, begann ich zu spielen, am Anfang noch mit feuchten Händen, die auf den Tasten hin und her rutschten. Doch nach den ersten Takten achtete ich nicht mehr darauf. Und irgendwann fing er an zu spielen, mein ganz persönlicher Musikfilm, den ich mir ansah und anhörte, während meine Finger automatisch die richtigen Tasten fanden. Die Melodien sangen tief in mir drin, die Stimmen verschränkten sich wie selbstverständlich ineinander, und die Akkorde der linken Hand erdeten die hohen Töne.

Erst als der Film zu Ende war, machte ich die Augen wieder auf. Der letzte Akkord verklang im Saal. Danach Stille, die plötzlich in meinen Ohren dröhnte. Ich legte meine Hände in den Schoß, jetzt waren sie trocken. Und dann kam der Applaus. Ich stand auf, blinzelte gegen das Licht der Scheinwerfer und verbeugte mich.

»Bravo, bravo!« Wie aus weiter Ferne hörte ich die begeisterte Stimme meines Vaters.

Der Applaus schwoll an. Ich verbeugte mich noch mal, zweimal, dreimal. Und blinzelte wieder. Diesmal suchte ich die erste Reihe ab und sah als Erstes meinen Vater, der mir das Victoryzeichen entgegenstreckte. Daneben meine Mutter, die gleichzeitig klatschte und sich dabei nach den anderen Zuhörern umsah. Jessie, die mir zuwinkte und mit der anderen Hand über ihren Bauch strich. Und dann endlich Amelie und Nico, die beide im Chor »Kira, Kira!« brüllten.

Ich nickte ihnen zu, verbeugte mich ein letztes Mal und ging von der Bühne, während der Applaus langsam verebbte und die ersten von ihren Sitzen aufstanden.

Hinter dem Vorhang kam mir die Leiterin der Musikschule entgegen und sagte hektisch: »Sehr schön, sehr schön!«

Ich war mir nicht sicher, ob sie mich damit meinte oder den gesamten ersten Teil des Konzerts. Trotzdem sagte ich »Danke« und lief an ihr vorbei, die Treppe hinunter ins Foyer. Aus allen Türen quollen Menschen. Innerhalb von Sekunden war alles voll, Stimmengewirr brandete um mich herum. Erst jetzt merkte ich, wie heiß mir geworden war.

Gerade als ich die Ärmel hochkrempelte und mir Luft zufächelte, hörte ich Jessies empörte Stimme: »Hey, du hast mein Shirt an!«

»Ja«, sagte ich. »Du hast es mir erlaubt – freiwillig!«

Jessie schüttelte den Kopf. »Das musst du geträumt haben.«

Ich wollte schon erwidern, dass nicht ich, sondern sie geträumt hatte, als mein Vater beide Arme um mich schlang und mich fast erdrückte.

»Lass mich los!«, rief ich. »Ich krieg ja keine Luft mehr.«

»Das muss sein!«, behauptete er. »Hab ich's dir nicht gleich gesagt? Du warst die Beste, du *bist* die Beste! Wetten, dass du den ersten Preis bekommst?«

Ich befreite mich aus seinem Klammergriff. »Abwarten.« Die Preisverleihung war mir im Moment so was von egal, ich war bloß heilfroh, dass ich es hinter mir hatte.

Inzwischen hatte sich auch meine Mutter zu uns durchgekämpft. »Toll, Kira! Du hast mich heute wirklich überrascht ... Und hast du den blonden Jungen gesehen, der als Erster aufgetreten ist? Süß – und so begabt! Ich hab noch nie ...«

Der Rest ihrer Schwärmerei ging zum Glück in Amelies spitzen Schreien unter. Sie umarmte mich und schwenkte mich im Kreis herum. »Das war der absolute Wahnsinn, echt, du hast noch nie so schön gespielt!«

»Wo sie recht hat, hat sie recht«, sagte Nico.

Ich grinste und wartete, ob er noch einen passenden lateinischen Spruch hatte. Hatte er aber nicht.

Da tauchte Amelies Mutter auf. »Herzlichen Glückwunsch, Kira! Heute hast du wirklich eine Glanzleistung abgeliefert.« Dann lächelte sie meine Eltern an. »Sie können sehr stolz auf Kira sein! Wissen Sie, ich wünschte mir, Amelie hätte wenigstens ein bisschen was von Kiras Talent und Disziplin. In Sprachen ist Amelie gut, aber was die Musik angeht, hat sie noch ziemlichen Nachholbedarf, nicht wahr, mein Schatz?«

Gequält verzog Amelie das Gesicht.

»Amelie spielt doch sehr schön Cello«, sagte meine Mutter, ohne mit der Wimper zu zucken. Dabei hatte sie sich erst beim Sommerkonzert des Orchesters, bei dem Amelie mitgespielt hatte, über ihre schwache Intonation mokiert.

Amelies Mutter winkte ab. »Aber kein Vergleich zu Kira, kein Vergleich!«

Ich trat von einem Fuß auf den anderen. Hörte die denn nie auf? Langsam wurde es peinlich. Doch Amelies Mutter dachte nicht daran.

Während sie weiter auf meine Eltern einredete und sich in Lobeshymnen über mich erging, kam mein Klavierlehrer dazu und fing auch noch an: »Kira, du warst großartig! Ich hab übrigens gerade mit der Jury gesprochen. Sie dürfen zwar offiziell noch nichts sagen, aber was ich so herausgehört habe, klingt sehr, sehr gut. Ich denke, du hast den ersten Preis in deiner Altersgruppe gewonnen.«

»Ja!«, rief mein Vater. »Ich hab's gewusst! Meine Tochter, meine Kleine!« Und schon drückte er mich wieder an seine Brust.

Als ich über seine Schulter sah, entdeckte ich plötzlich Sofie. Offenbar hatte sie mich die ganze Zeit schon beobachtet. Jetzt verzog sie die Mundwinkel, steckte sich eine Zigarette an und blies mir den Rauch entgegen. Am liebsten wäre ich auf der Stelle in Grund und Boden versunken.

2. Kapitel

Kiras Therapeut

Am Anfang, als Kira zu uns in die Gruppentherapie kam, war sie ziemlich zurückhaltend und still. Sie hat sich die Geschichten der anderen angehört und nichts dazu gesagt. Ich hatte mir schon Strategien überlegt, wie ich sie am besten aus der Reserve locken könnte. Das war dann aber gar nicht nötig. Eines Tages hat sie ganz von selbst ihre Geschichte erzählt. Sie war sehr offen und ehrlich. Ich glaube, Kiras Geschichte hat die anderen so berührt, weil Kira nicht aus der Rave-Szene oder dem klassischen Drogenmilieu kommt und auch keine schlimme Kindheit hatte. Sie war ein ganz normales Mädchen, sehr gut in der Schule, hatte Freunde, eine feste Clique, ein intaktes Elternhaus. Und trotzdem ist sie in die Sucht hineingeraten. Es gibt eben keine Garantie, bei Drogen nicht und im Leben auch nicht.

Am nächsten Morgen graute mir seit Langem mal wieder vor der Schule. Nicht vor den Lehrern, nicht vor der Englischarbeit, aber davor, Sofie zu sehen. Bisher hatte sie mich als harmlosen Streber eingeordnet, aber seit gestern war ich garantiert endgültig bei ihr unten durch: Kira, das Klavierwunder, das Vorzeigekind, Daddys Liebling, herangezüchtet von seinen Eltern und zur perfekten Marionette ausgebildet. Gerade mal sechzehn Jahre alt, aber in Wirklichkeit längst klinisch tot, ohne es überhaupt zu merken.

Je näher ich der Schule kam, umso langsamer wurden meine Schritte. Vielleicht hatte ich ja Glück, und Sofie würde nicht wie sonst mit ihrer Clique an der Straßenecke stehen, an der ich vorbeimusste. Ich hatte kein Glück. Schon von Weitem sah ich die unverkennbare Rauchwolke über den Köpfen von Sofie, Leon, Jannis, Esther und Kathrin. Wie immer nutzten sie die Minuten vor der ersten Stunde, um ihren Nikotinpegel außerhalb des Schulgeländes aufzufüllen.

Jannis erzählte gerade irgendwas über die neuesten Songs, die er sich auf seinen iPod geladen hatte. Leon warf ab und zu etwas ein, während er mit krummem Rücken dastand und trotzdem verdammt gut aussah. Die Mädchen hörten zu und hüllten sich in undurchdringliche Rauchschwaden. Ich ging auf die Clique zu und hoffte immer noch, dass sie mich gar nicht wahrnehmen würden. Kaum hatte ich den Gedanken zu Ende gedacht, hob Sofie plötzlich den Kopf und sah genau in meine Richtung.

»Hi«, murmelte ich.

Sofie antwortete nicht. Stattdessen beugte sie sich vor und sagte etwas zu den anderen, so schnell und leise, dass ich es nicht verstehen konnte. Dann sahen mich alle an und fingen gleichzeitig an zu lachen.

Prompt wurde ich rot. Schnell starrte ich auf den Gehsteig und drückte mich an der Gruppe vorbei. Noch in der Eingangshalle spürte ich ihre Blicke in meinem Rücken.

»Was machst du denn für ein Gesicht?«, fragte Amelie, als ich mich im Klassenzimmer auf den Stuhl neben sie fallen ließ. »Ist dir der Direx über den Weg gelaufen?«

Obwohl unser Direktor bei allen gefürchtet war, weil er die Angewohnheit hatte, wegen der kleinsten Dinge Strafarbeiten zu verteilen, wäre es mir in dem Moment lieber gewesen, ich hätte *ihn* getroffen.

»Nein«, sagte ich. »Ich hab nur viel zu wenig geschlafen.«

Da mischte sich Nico ein, der in der Bank hinter uns saß. »Klar, du musstest ja noch deinen ersten Preis feiern, wegen Ehre und so. Cui honorem, honorem!«

Ich ließ ihn und Amelie in dem Glauben. In Wirklichkeit war mein Vater nach dem Konzert gleich wieder in seinem Arbeitszimmer verschwunden, um noch eine Nachtschicht einzulegen. Und Jessie und meine Mutter hatten sich zu einem wahnsinnig interessanten Gespräch über Babys, Windeln und Kindererziehung in die Küche verzogen. Da war ich freiwillig früh ins Bett gegangen.

Amelie war zum Glück bereits beim nächsten Thema. »Hast du schon gehört, Kira? Esther macht dieses Wochenende eine Party. Ihre Eltern sind mal wieder weg.«

»Echt?«, fragte ich.

Esthers Partys waren berühmt. Ihre Eltern hatten ein riesiges Haus mit einem extra Partykeller: alles vom Feinsten, inklusive Bar, Lichtorgel und einer gigantischen Stereoanlage. Außer ihrer Clique lud Esther nur die coolsten Leute ein. Immer waren auch ältere Jungs dort, aus der Elften und sogar aus der Kollegstufe. Es gab Gerüchte, dass einige Leute auf diesen Partys nicht nur kifften, sondern auch andere Drogen ausprobierten, vor allem Ecstasy. Ehrlich gesagt glaubte ich das nicht. Aber jeder, der schon mal auf einer von Esthers Partys gewesen war, erzählte, wie irre und abgefahren die Stimmung gewesen sei. Ich kannte bisher leider nur die Erzählungen.

»Und, hat sie dich auch eingeladen?«, fragte ich Amelie.

»Mich?«, fragte sie zurück und lachte. »Machst du Witze? Eher würde sie wahrscheinlich ihre Großeltern einladen.«

Nico grinste. »Mich hat sie auch nicht gefragt. Ich überleg gerade, wie ich mich umbringen soll, Strick oder Pistole. Was meint ihr?«

»Hey, hör auf mit dem Quatsch!«, rief Amelie gespielt empört.

Ich lachte mit den beiden mit, obwohl mir eigentlich gar nicht zum Lachen zumute war. Manchmal beneidete ich Nico. Anscheinend machte es ihm wirklich nichts aus, nie zu den angesagten Partys eingeladen zu werden, immer Außenseiter zu sein.

Da kam Herr Glonner, unser Englisch- und Französischlehrer, gefolgt von Sofie und dem Rest der Clique, die nur widerwillig akzeptierten, dass der Unterricht anfing und wir gleich eine Englischarbeit schreiben mussten.

Herr Glonner holte einen Stapel Papiere aus seiner Tasche und lächelte. »Na, dann wollen wir uns mal ins Vergnügen stürzen.«

Alle stöhnten, bis auf Amelie, Nico und mich. Ich holte

mein Schreibzeug raus und beugte mich über die Englischarbeit. Endlich hatte ich was zu tun. Wenn ich schon nicht eingeladen war, wollte ich Esthers Party wenigstens so schnell wie möglich vergessen. Die Fragen waren mal wieder supersimpel, und ich fing sofort an zu schreiben. Nach einer knappen halben Stunde war ich fertig und las mir meine Antworten zur Sicherheit noch mal durch.

Plötzlich zischte Amelie: »Für dich.« Ihre Hand wanderte in die Mitte und schob mir einen Zettel zu. Blitzschnell legte ich meine Hand darüber.

Herr Glonner sah streng über den Rand seiner Brille hinweg in unsere Richtung. »Nicht reden, bitte!«

Amelie und ich vertieften uns wieder in unsere Arbeiten. Ich wartete so lange, bis Herr Glonner hinüber zu den Tischen am Fenster ging und in sicherer Entfernung war. Dann griff ich nach dem Zettel und legte ihn auf meinen Schoß. FÜR KIRA stand in Großbuchstaben drauf. Die Schrift kannte ich nicht. Wer mir wohl geschrieben hatte? Neugierig faltete ich den Zettel auf und las:

Meine Party fängt am Samstag um acht an.
Freu mich, wenn du kommst.
Esther

Ich musste die beiden Sätze zweimal lesen, bevor ich glauben konnte, was da stand. Esther lud mich zu ihrer Party ein? Mich, die Streberin, die Langweilerin, das alberne Wunderkind am Klavier? Hatte Sofie doch nichts von mir erzählt? Fand Esther mich in Wirklichkeit ganz nett, und ich hatte es nur noch nie bemerkt?

Plötzlich fiel ein Schatten auf mein Papier. »Kira, was hast du denn da unter der Bank?«, fragte Herr Glonner.

»Nichts, gar nichts«, sagte ich und zerknüllte den Zettel in meiner Faust, während mein Herz kurz aussetzte, bevor es doppelt so schnell weiterschlug.

Herr Glonner runzelte die Stirn, doch dann nickte er nur und ging weiter. Langsam beruhigte sich mein Herz wieder. Einen Vorteil hatte mein Ruf als Streberin wenigstens: Die Lehrer glaubten nie, dass ich schummelte.

Ich ließ den Zettel in meiner Hosentasche verschwinden und sah zu Esther hinüber. Die steckte gerade mit Sofie und Kathrin die Köpfe zusammen und kicherte. Auf einmal schoss mir ein schrecklicher Gedanke durch den Kopf: Was war, wenn Esther die Einladung gar nicht ernst gemeint hatte? Was, wenn sie sich nur über mich lustig machte und mich am Samstag vor allen Leuten blamieren wollte? Auf einen Schlag war meine Freude weg. Wie hatte ich bloß auch nur für eine Sekunde glauben können, dass Esther mich auf ihrer Party haben wollte?

»So, jetzt solltet ihr langsam zum Ende kommen«, sagte Herr Glonner. »In fünf Minuten ist die Zeit um.«

Sofort kamen die Proteste: »Das kann nicht sein!« – »Nur noch zehn Minuten!« – »Ich bin erst bei der dritten Frage.«

Herr Glonner schüttelte den Kopf. »Ihr hattet genug Zeit. Wer jetzt noch nicht fertig ist, hat eben nicht genug gelernt.« Er ging durch die Reihen und sammelte erbarmungslos die Blätter ein.

»Was stand denn auf dem Zettel?«, fragte Amelie, als wir vor der nächsten Stunde zusammen aufs Klo gingen.

»Och«, sagte ich, »Esther hat mich zu ihrer Party eingeladen, aber sie will mich bestimmt bloß auf den Arm nehmen. Ich geh da nicht hin.«

Amelie zog beide Augenbrauen hoch. »Wie? Du willst nicht hingehen? Bist du verrückt? Die Gelegenheit kannst du dir doch nicht entgehen lassen. Du musst hingehen und mir hinterher alles haarklein erzählen, hörst du?«

Amelie redete so hartnäckig auf mich ein, dass ich schließlich nachgab und seufzte. »Okay, okay, ich geh ja hin!«

Drei Tage später bereute ich es, dass ich mich von Amelie hatte weichklopfen lassen. Ich bereute es spätestens, als ich vor meinem Kleiderschrank stand und nicht wusste, was ich anziehen sollte. Natürlich hatte ich Jessie gefragt, ob sie mir was leihen würde, aber nach der letzten Aktion mit dem Shirt hatte sie kategorisch abgelehnt. Dabei passten ihr die meisten Sachen sowieso nicht mehr, weil sich ihr Babybäuchlein schon ziemlich wölbte.

Nachdem ich die Hälfte meiner Klamotten anprobiert und auf den Boden gepfeffert hatte, entschloss ich mich zur Radikalmethode. Ich holte eine Schere, griff nach der nächstbesten Jeans und schnitt zwei große Löcher hinein: eins am rechten Knie und eins unter der linken Pobacke. Zur Jeans zog ich ein schwarzes Top an. Schließlich frisierte ich meine Haare mit Gel nach hinten und betrachtete mich im Spiegel. Trotz löchriger Jeans und neuer Frisur sah ich immer noch viel zu brav aus, als ob auf meiner Stirn mit unsichtbarer Schrift stehen würde: *Kleine, brave Kira.* Aber ich hatte keine Zeit mehr für ein neues Styling, ich war sowieso schon viel zu spät dran. Schnell schlüpfte ich in meine Lieblings-Sneakers und lief die Treppe hinunter.

Unten im Flur streckte meine Mutter den Kopf aus der Küche. »Viel Spaß, Kira. Komm nicht so …« Mitten im Satz rutschte ihre Stimme eine Oktave höher. »Was hast du denn mit deiner Jeans gemacht?«

»Das sind nur zwei Löcher«, sagte ich.

Meine Mutter sah mich an, als hätte ich gerade das Haus abgefackelt. »Die ist nagelneu! Weißt du eigentlich, was die gekostet hat?«

»Nein«, sagte ich und schlüpfte in meine Jacke. »Ich muss los.« Dann verschwand ich so schnell wie möglich und ersparte mir den Rest der Predigt. Morgen beim Frühstück würde ich sowieso alles noch einmal aufs Butterbrot geschmiert bekommen. Weil meine Mutter den Kleinen im Kindergarten immer alles zwei- oder dreimal erklären musste, hatte sie die Methode so verinnerlicht, dass sie sie auch zu Hause ständig anwendete.

Draußen war es eiskalt. Fröstelnd zog ich den Reißverschluss meiner Jacke bis hinauf zum Kinn. Jetzt frischte auch noch der Wind auf. Ein Böe wirbelte das Laub auf dem Gehsteig durcheinander und zerrte an meinen Haaren. Esther wohnte zum Glück nur ein paar Straßen weiter, aber als ich bei ihr ankam, war ich komplett durchgefroren.

Esthers Eltern mussten echt reich sein. Hinter den Doppelgaragen und der weißen, hohen Mauer verbarg sich ein Garten von den Ausmaßen eines Parks. Das Tor war nur angelehnt, und als ich über den fein geharkten Kiesweg lief, wummerten mir schon aus dem Keller die Bässe entgegen.

An der Haustür hing ein Schild mit einem roten Pfeil, der nach rechts zeigte. Ich lief an der endlos langen Hausmauer entlang und bog um die Ecke. Vor dem Hintereingang stand ein wild knutschendes Pärchen, das sich weder von der Kälte noch vom Wind abschrecken ließ. Mich bemerkten sie auch nicht, nicht mal, als ich läutete.

Ein Typ aus der Kollegstufe riss die Tür auf und scannte mich von oben bis unten. »Tut mir leid, kein Einlass für Minderjährige!«

Ich sah ihn mit offenem Mund an und überlegte, ob er Witze machte oder ob Esther ihn tatsächlich als Türsteher engagiert hatte, da brach er in schallendes Lachen aus. »Komm rein, oder willst du da draußen erfrieren?«

Erleichtert folgte ich ihm die Treppe hinunter, die in den Keller führte. Mit jeder Stufe wurde die Musik lauter, und die Bässe versetzten mir dumpfe Schläge in die Magengrube. Gleichzeitig wurde die Luft immer stickiger und verrauchter. Als ich unten ankam, war der Typ plötzlich verschwunden. Ich sah mich um und erschrak, als mir ein bleiches Monstergesicht mit verklebten Haaren, die nach allen Seiten abstanden, entgegenstarrte. Erst auf den zweiten Blick erkannte ich, dass ich vor einem Spiegel stand und ich selbst das Monster war. Verzweifelt versuchte ich, meine vom Wind zerstörte Frisur wieder in den Griff zu bekommen, doch durch das Gel waren sie ganz störrisch und hart geworden.

»Hallo, Kira!«, brüllte jemand gegen die Musik an.

Hektisch drehte ich mich um. Vor mir stand Kathrin in einem schwarzen Shirt mit zerrupften Federn am Ausschnitt.

»Was machst *du* denn hier?«, fragte sie.

Ich zuckte zusammen. Ich hatte es gewusst! Esther hatte mich also doch reingelegt, und ich Idiot hatte mich reinlegen lassen.

»Äh ... ich wollte nur ...«, stammelte ich.

»Was wolltest du?«, fragte Kathrin.

»Ich ... äh ...« Ich biss mir auf die Zunge, weil ich keinen einzigen anständigen Satz herausbrachte. Logisch, wenn ich mich schon blamieren musste, dann richtig.

Da tauchte ein anderes Mädchen auf. »Hi, Kathrin! Was stehst du denn hier rum? Komm endlich auf die Tanzfläche!«

»Ich komm ja schon«, sagte Kathrin. Die beiden verschwanden, ohne mich weiter zu beachten.

Ich wusste nicht, was ich machen sollte. Nach der Abfuhr von Kathrin war mir die Lust endgültig vergangen. Andererseits hatte ich auch keinen Bock, wieder hinaus in die Kälte zu gehen.

Während ich noch zögerte, kam Jannis in den Vorraum. »Hallo, Kira! Schön, dass du da bist.«

»Ich wollte eigentlich ... äh ... gerade wieder gehen«, sagte ich.

Jannis kratzte sich an der Stirn. »Warum? Die Party fängt doch gerade erst an.«

»Ich muss wirklich ...«, fing ich an.

Da schob Jannis mich kurzerhand in den Partykeller. »Genau, du musst jetzt da rein!«

Ich war viel zu überrumpelt, um mich zu wehren. Und dann stand ich auch schon mitten im Gewühl. Der Partykeller war proppenvoll. Dich gedrängt standen die Leute herum, brüllten sich gegenseitig an, tranken Bier aus Flaschen oder rauchten. Andere bewegten zuckend zu den harten Beats ihre Körper auf der Tanzfläche. Mir blieb erst mal die Luft weg. Hier drin war es nicht nur wahnsinnig verraucht, sondern der Nikotingestank vermischte sich auch noch mit dem Biergeruch und den Ausdünstungen zu vieler Menschen auf zu kleinem Raum.

»Tolle Party, was?«, brüllte Jannis mir ins Ohr.

»Ja!«, brüllte ich zurück und sah mich nach Esther um. Irgendwie wartete ich dauernd darauf, dass sie gleich auf mich zukommen und mich rausschmeißen würde. Endlich entdeckte ich sie. Sie saß auf einer der Boxen der Stereoanlage, hatte die Augen halb geschlossen und ließ sich von den Bässen treiben. Sie lächelte, und ihr Gesicht strahlte.

»Willst du was trinken?«, fragte Jannis.

Ich nickte. »Ja, ein Bier.«

»Kommt sofort«, sagte Jannis und boxte sich durch die Menge zur Bar durch.

Ich sah ihm nach und fragte mich, warum er sich ausgerechnet um mich kümmerte und nicht lieber mit seiner Clique zusammen war, mit Leon zum Beispiel. Da schoben sich drei Leute an mir vorbei: Leon, eingerahmt von zwei Mädchen aus meiner Parallelklasse, die ihn hemmungslos anhimmelten. Leon wirkte ziemlich verkrampft und schien es nicht mal zu merken, genauso wenig, wie er registrierte, dass der halbe weibliche Jahrgang unserer Schule in ihn verknallt war. Ich hatte mich bis jetzt noch nicht anstecken lassen, aber nachvollziehen konnte ich es. Leon war viel reifer als die anderen Jungs. Er hatte eine Ehrenrunde gedreht und war schon achtzehn.

Da kam Jannis mit zwei Bierflaschen in der Hand zurück. »Ich wusste nicht, ob du lieber Pils oder Helles magst.«

Im ersten Moment war ich überfordert. »Äh ... Pils.«

Jannis grinste. »Okay, dann nehm ich das Helle. Ich konnte mich nämlich selbst nicht entscheiden.«

Ich nahm das Pils, prostete Jannis zu und nahm drei lange Schlucke. Danach fühlte ich mich schon viel wohler und stellte mich mit Jannis an den Rand der Tanzfläche. Esther tanzte mit Kathrin in der Mitte. Sie machten aber mehr Quatsch, als dass sie wirklich tanzten. Dann hörte das schnelle Stück abrupt auf, und ein langsamer, sanfterer Song wurde gespielt.

Jannis lächelte. »Endlich muss man nicht mehr so schreien. Hat Kathrin dir schon erzählt, dass wir später zusammen raufgehen und Billard spielen wollen?«

Ich schüttelte den Kopf. »Wir haben uns vorher nur kurz getroffen ... und ... na ja, ich glaub, sie war nicht gerade begeistert, dass ich hier bin.«

»Das hat sie garantiert nicht so gemeint«, sagte Jannis. »Ihr geht's heute nicht so gut, weißt du, ihre Eltern haben mal wieder Zoff.«

»Ach so«, sagte ich. Darauf wäre ich nie gekommen. Kathrin wirkte so locker und gut drauf, als hätte sie heute den perfekten Tag.

Jannis grinste mich an. »Also, was ist? Spielst du mit? Esthers Eltern haben oben ein richtiges Billardzimmer, der Tisch ist der Wahnsinn.«

»Ich weiß nicht«, sagte ich. »Ich hab noch nie Billard gespielt.«

Jannis winkte ab. »Kein Problem, da kommst du schnell rein. Außerdem bist du bestimmt ein Naturtalent, du spielst doch auch so gut Klavier.«

Langsam wurde mir das Ganze unheimlich. Bis gestern hatte ich mit Jannis kaum zwei Worte gewechselt. In der Schule liefen wir uns normalerweise kaum über den Weg, kein Wunder, zwischen meiner und seiner Clique lagen Welten. Warum interessierte er sich plötzlich für mich? Und woher wusste er, dass ich gut Klavier spielte? Im Musikunterricht hatte ich bis jetzt noch nie vorgespielt.

Jannis nahm mir die Antwort auf die zweite Frage ab. »Sofie war ja total begeistert von deinem Auftritt bei diesem Wettbewerb. Sie meinte, du wärst die Einzige gewesen, die nicht nur stur ihr Zeug gespielt hat, sondern richtig aufgegangen ist in der Musik.«

Jetzt war ich wirklich platt. Damit hatte ich am allerwenigsten gerechnet.

»Schade, dass ich nicht dabei war«, sagte Jannis. »Eigentlich hasse ich solche Veranstaltungen, aber wegen dir hätte ich glatt eine Ausnahme gemacht.«

Während ich noch seine letzten Worte in meinen Ohren hatte, wurde mir klar, dass ich völlig danebengelegen hatte. Sofie hatte sich gar nicht über mich lustig gemacht, und Esther hatte ihre Einladung ernst gemeint. Ich konnte es immer noch nicht richtig glauben. Um die Neuigkeit zu verdauen, nahm ich noch einen Schluck Bier.

Dann fragte Jannis: »Hast du Lust zu tanzen?«

Vor einer halben Stunde hätte ich noch abgelehnt, aber

jetzt hatte ich tatsächlich Lust. Wir mischten uns unter die anderen auf der Tanzfläche. Esther und Kathrin nickten uns zu und kamen rüber. Die nächste Nummer war wieder schnell und laut. Zu viert ließen wir uns auf den Rhythmus ein. Bei den ersten paar Takten waren meine Beine noch steif, doch dann merkte ich, wie mir warm wurde. Das Tanzen fing an, mir Spaß zu machen. Irgendwann kamen auch Sofie und Leon auf die Tanzfläche. Jetzt wurde es richtig eng, aber auch richtig lustig. Plötzlich kam es mir so vor, als würde ich die fünf schon viel besser kennen. Alles war ganz easy und entspannt. Ich fragte mich, warum ich vorher geglaubt hatte, die anderen würden mich nicht mögen. Sie mochten mich definitiv, ich konnte nicht sagen, warum und wieso, aber es war so. Ab dem Moment vergaß ich die Zeit. Ich tanzte, und die Stücke gefielen mir, obwohl ich Minimal-Techno eigentlich nicht mag, weil es mir einfach zu monoton ist.

Irgendwann streckte Esther den Arm zur Decke und rief uns zu: »Mir ist heiß. Gehen wir rauf?«

Die anderen nickten. Ich nickte auch. Zu sechst schoben wir uns an den verschwitzten Körpern vorbei zum Ausgang. Als Sofie die Tür zum Vorraum aufmachte, kam uns ein Schwall kalter, frischer Luft entgegen. Ich atmete tief durch.

»Los, kommt!«, rief Esther und rannte die Kellertreppe hoch.

Wir folgten ihr. Ich stolperte aus Versehen über Kathrins Füße, und sie schimpfte los: »Hey, kannst du nicht aufpassen?«

Ich zuckte zusammen. »'tschuldigung!«

Doch Kathrin war schon weitergelaufen. Draußen war es immer noch eiskalt, aber es machte mir nichts mehr aus, im Gegenteil: Die Kälte kühlte meinen heißgelaufenen Körper.

Esther führte uns zum Haupteingang und sperrte die Tür auf. Dann standen wir in einer riesigen Halle mit einer ausladenden Freitreppe. Ich kam mir vor wie eine Hollywood-Schauspielerin, als ich die breiten Stufen nach oben ging.

Esther und ihre Freunde dagegen bewegten sich mit völliger Selbstverständlichkeit in dieser vornehmen Umgebung. Bestimmt waren sie schon öfter hier gewesen. Im ersten Stock führte uns Esther den langen Flur entlang bis zum letzten Zimmer auf der rechten Seite. Ein dicker, cremefarbener Teppich verschluckte unsere Schritte. Esther knipste das Licht an, das den großen Billardtisch in der Mitte des Raums wie eine Miniaturbühne beleuchtete. Staunend blieb ich im Eingang stehen.

Kathrin drehte sich mit einem spöttischen Grinsen zu mir um. »Falls du Bücher suchst, die gibt's hier nicht. Da musst du schon zu deiner Streber-Clique gehen.«

»Was soll das jetzt, Kathrin?«, sagte Esther. »Lass deine schlechte Laune nicht an Kira aus.«

Ich zuckte mit den Schultern. »Kein Problem, sogar meine Schwester sagt Streber zu mir. Aber ich komm tatsächlich auch mal einen Abend ohne Bücher aus.«

Kathrin murmelte irgendetwas Unverständliches und drehte sich wieder zu den anderen um. »Also, wer spielt jetzt mit mir?«

»Ich«, sagte Esther sofort.

Ich war froh, dass ich erst mal zusehen konnte. Während Esther und Kathrin ihre Queues mit Kreide einrieben, holte Leon ein Päckchen Zigaretten aus seiner Tasche und streckte es mir hin. »Magst du?«

Ich schüttelte den Kopf. »Nee, ich rauche nicht.«

Ich hatte es zwar schon mal versucht, doch es hatte mir nie richtig geschmeckt. Einmal hatte ich auch gekifft, als auf einer Party mal ein Joint rumging, aber ich hatte kaum was gespürt. Also hatte ich es gelassen.

»Echt nicht?«, fragte Leon, sah mich erstaunt an und dann schnell wieder in eine andere Richtung, um sich seine Zigarette anzuzünden.

»Ich rauch eigentlich auch nicht«, sagte Jannis.

Sofie lachte. »Klar raucht er. Er kann sich nur nicht entscheiden, welche Marke er nehmen soll. Er kann sich nie entscheiden. Typisch Waage!«

Jannis war nicht beleidigt, im Gegenteil, er grinste von einem Ohr zum anderen. Erst jetzt fiel mir auf, dass er breite, schöne, volle Lippen hatte, die beim Lachen kaum schmaler wurden.

»So bin ich eben«, sagte er. »Das Leben ist ein Dschungel, mit tausend Wegen und Abzweigungen. Hinter jeder Abzweigung kann plötzlich das Glück vor dir stehen, aber du weißt eben nie, hinter welcher!«

Er hatte recht. Von der Seite hatte ich das Leben nur noch nie betrachtet.

»Kannst du deine Theorie ein andermal ausführen?«, sagte Kathrin. »Wir müssen uns konzentrieren.«

Sofort legte Jannis den Finger an die Lippen, grinste dabei aber immer noch von einem Ohr zum anderen. Ich hatte Mühe, mir das Lachen zu verkneifen.

Inzwischen hatten Esther und Kathrin angefangen zu spielen. Obwohl ich mich nicht auskannte, merkte ich schnell, dass Esther Kathrin um Längen überlegen war und der Reihe nach die Kugeln versenkte.

»Mann, das ist gemein«, stöhnte Kathrin. »Gegen dich hat man echt keine Chance.«

»Lass mich mal«, sagte Jannis und nahm Kathrin das Queue ab. Mit ruhigen Bewegungen ließ er es zwischen Daumen und Zeigefinger hin- und hergleiten, bevor er zu einem gezielten Stoß ansetzte.

»Treffer!«, rief Kathrin. »Danke, du hast mich gerettet.«

Alle lachten, und das Spiel ging weiter.

Ich ließ meine Blicke von einem zum anderen wandern. Sie mochten sich, und sie hatten Spaß zusammen. Eigentlich genau wie Amelie, Nico und ich. Und trotzdem war irgendwas anders als bei uns. Lag es an der Wärme in den Augen, mit denen sie sich gegenseitig ansahen? Sie redeten gar nicht viel, vor allem Leon stand die meiste Zeit nur herum und schwieg. Und trotzdem hatte ich das Gefühl, dass sie ganz stark miteinander verbunden waren, auch ohne Worte. Vielleicht kannten sie sich einfach noch besser als wir?

»Kira!«, rief Sofie und riss mich aus meinen Gedanken. »Komm her und spiel mit. Wir brauchen dich zur Verstärkung!«

Zögernd trat ich an den Billardtisch. Sollte ich wirklich?

Jannis lächelte mich an. »Ich zeig dir, wie's geht. Sieh mal, so musst du das Queue halten.«

Ich lächelte zurück und ging zu ihm.

3. Kapitel

Kiras Vater

Kira war immer mein kleines, starkes Mädchen. Als Kind konnte sie sich stundenlang mit einem Puzzle beschäftigen. Sie hörte nicht eher auf, bis alle Teile zusammenpassten. Dann zeigte sie mir stolz das fertige Puzzle. Jessie war da ganz anders, sie brauchte oft zwischendurch Hilfe, und sie hatte meistens nicht die Geduld, bis zum Ende durchzuhalten. Ich hab Kira immer bewundert, ihren starken Willen und wie sie alles locker schaffte: die Schule, ihre Hausaufgaben, das Klavierspielen … Sie war schon sehr früh sehr selbstständig. Meine Frau und ich mussten uns nie Sorgen um sie machen, wirklich nie. Deshalb konnte ich es auch erst überhaupt nicht fassen, dass sie plötzlich Drogen nahm. Kira? Nie im Leben! Selbst heute noch kann ich es manchmal nicht glauben. Drogen? Das passt einfach nicht zu Kira, meinem großen, starken Mädchen.

»Und, wie war's auf der Party?«

Am nächsten Montag in der ersten Pause, als ich mit Amelie und Nico wie immer auf den Stufen in der Pausenhalle saß und mein Käsebrot auspackte, platzte Amelie sofort mit der Frage raus.

»Erzähl, erzähl!«, redete sie weiter. »Waren viele Leute da? Welche Musik lief? Hast du getanzt? Wie sind die eigentlich so, Esther, Sofie und Kathrin? Hast du auch mit Leon geredet?«

»Mann, Mann«, stöhnte Nico. »Quassel weiter, und du wirst nie erfahren, wie es wirklich war.«

»Und, wie war's?«, fragte Amelie und hielt tatsächlich den Atem an.

Ich musste grinsen. »Ziemlich gut war's.« Dann erzählte ich in Kurzfassung, was ich erlebt hatte. Von der Musik und vom Tanzen und natürlich auch vom Billard.

Amelie hörte mir gebannt zu. Als ich zu Ende erzählt hatte, rückte sie plötzlich näher und flüsterte: »Und – hast du was gemerkt?«

Ich sah sie irritiert an. »Was denn?«

»Na, wegen Drogen und so ...«, sagte Amelie.

Ich beugte mich zu ihr und Nico vor und raunte ihnen zu: »Drogen? Klar, die gab's, jede Menge. Das lag alles offen rum: Bier, Zigaretten ...«

»Hmm ... ach so.« Amelie klang fast ein bisschen enttäuscht, obwohl ich genau wusste, dass sie nicht mal im Traum daran dachte, Drogen zu nehmen. Ihre Eltern waren beide Apotheker. Sie wusste einfach zu viel über Chemie und war grundsätzlich misstrauisch gegenüber jeglicher Form von Pillen und Medikamenten. Nicht mal wenn sie Kopfweh hatte, nahm sie eine Aspirin.

»Du glaubst auch jedes Gerücht«, sagte Nico.

»Gar nicht wahr«, wehrte sich Amelie.

Ich zuckte mit den Schultern. »Ich hab auch mal geglaubt, dass da was dran sein könnte. Aber vorgestern hab ich wirklich nichts gemerkt.«

»Ich finde ja, dass es seit den Römern keine richtigen Partys mehr gibt«, sagte Nico. »Das Gastmahl des Trimalchio, das waren noch Zeiten damals. Neulich hab ich bei Petronius übrigens eine Stelle entdeckt, die war echt spannend ...«

Er fing an, die Stelle auf Lateinisch zu zitieren. Ich hörte nur mit halbem Ohr zu und sah unauffällig zum großen Fenster hinüber, dem Stammplatz von Sofie und ihrer Clique. Auch heute standen sie wieder zusammen. Bis vorgestern war es für mich ein undurchdringlicher Kreis gewesen, mit einer unsichtbaren Mauer drum herum. Wie schnell sich das geändert hatte ...

Als hätte er meinen Blick gespürt, drehte sich Jannis plötzlich um und hob kurz die Hand, als er mich entdeckte. Ich lächelte und nickte. Dann beugte ich mich schnell wieder über mein Pausenbrot.

»Und, wie findet ihr die Stelle?«, fragte Nico. »Ist doch geil, oder?«

Ich nickte. »Ja, toll.« In Wirklichkeit konnte ich mich an kein einziges Wort erinnern.

Zum Glück hatte Amelie zugehört und eröffnete eine unserer üblichen Debatten, die sich oft ziemlich hinzogen, weil jedem immer wieder eine neue These bzw. Gegenthese einfiel. Die beiden fachsimpelten bis zum Ende der Pause, und ich klinkte mich ab und zu ein. Aber irgendwie hatte ich heute nicht so viel Lust wie sonst am Debattieren.

Als der Gong kam, stand ich als Erste auf und sagte: »Schluss für heute, wir müssen los.«

Amelie und Nico standen zwar auch auf, setzten sich jedoch nur äußerst langsam in Bewegung und diskutierten begeistert weiter, ohne auf ihre Umgebung zu achten. Ich ging ein paar Schritte voraus und drehte mich zu ihnen um. Und auf einmal sah ich sie, wie die anderen aus unserer Klasse sie schon die ganze Zeit sehen mussten: zwei verschrobene Professoren, die nur deshalb noch in die Schule gingen, weil man sie an der Uni aus lächerlichen Altersgründen nicht aufnehmen wollte.

Ich schüttelte den Kopf und beschleunigte meine Schritte, als ob ich dadurch hätte verhindern können, als dritte Professorin entlarvt zu werden.

»Kira, warte doch!«, rief jemand.

Jannis. Ich erkannte seine Stimme sofort, und da hatte er mich auch schon eingeholt, kurz vor dem Klassenzimmer.

»Hi! Was gibt's?«, fragte ich.

Jannis schnappte nach Luft. »Wir … wir treffen uns heute Nachmittag in der Stadt zum Shoppen. Hast du Lust mitzukommen?«

In Gedanken überschlug ich mein Taschengeld. Nach dem Wettbewerb hatte mir mein Vater extra was zugesteckt, als Belohnung für den ersten Preis. »Klar«, sagte ich.

Jannis lächelte breit. »Sehr schön. Dann heute um vier vorm Rathaus.«

»Okay«, sagte ich und ließ Herrn Glonner den Vortritt, der mit schnellen Schritten ankam, einen Stapel Papiere unter dem Arm. Offenbar war er übers Wochenende fleißig gewesen und hatte die Englischarbeit korrigiert.

Jannis stöhnte. »Ich will gar nicht wissen, was ich hab.«

»Ich auch nicht«, sagte ich.

Das stimmte sogar. Zum ersten Mal, seit ich in der fünften Klasse beschlossen hatte, ab jetzt nur noch Einser zu schreiben und nur ausnahmsweise ab und zu eine Zwei, interessierte mich meine Note nicht. Mich interessierte nur eins: Jannis und die anderen heute Nachmittag wiederzusehen.

Natürlich war ich viel zu früh dran. Zwanzig Minuten vor der vereinbarten Zeit stand ich am Rathaus und kam mir vor wie meine Mutter, die vor lauter Angst, zu spät zu kommen, immer die totale Hektik verbreitet, um hinterher ewig warten zu müssen. Darüber beschwert sie sich dann auch meistens noch. Zum Glück war es nicht so kalt wie am Wochenende. Die Sonne strengte sich richtig an und wärmte mein Gesicht.

Ich vertrieb mir die Wartezeit damit, mir im Kopf die Kreiszahl Pi vorzustellen. Als ich bei der sechsundfünfzigsten Stelle nach dem Komma angelangt war, kam Sofie.

»Wartest du schon lange?«, fragte sie.

»Gar nicht«, behauptete ich.

Sofie zündete sich eine Zigarette an und sah mich mit demselben prüfenden Blick an wie nach dem Wettbewerb. »Was ich dir die ganze Zeit schon sagen wollte: Du spielst echt gut Klavier.«

Ich biss mir auf die Lippen, um nicht rot zu werden. »Danke.«

»Du spürst es, oder, wenn du spielst?«

»Was?«, fragte ich.

Sofie blies den Rauch extra langsam aus und formte einen perfekten Kreis. »Den Flow. Den Fluss in der Musik, den Flow, der überall ist auf der Welt und der uns verbindet.«

Ich sah sie an und wusste nicht, was ich darauf antworten sollte. Bis jetzt hatte ich nie über solche Dinge nachgedacht, wenn ich Klavier spielte. Klavier war die einzige Auszeit, die ich mir in meinem Leben nahm, mein Fluchtweg.

»Kann sein, vielleicht«, sagte ich schließlich.

Da lächelte Sofie. »Sorry! Ich wollte dich nicht überfahren. Wahrscheinlich denkst du jetzt, was ist denn das für eine durchgeknallte Esotante.«

Ich schüttelte den Kopf. »Nein, gar nicht.«

»Es stimmt aber«, sagte Sofie. »Ich bin eine durchgeknallte Esotante.«

Ich musste lachen. »Okay! Wenn du meinst.«

Dann fiel mir ein, dass Sofie auf der Party Jannis als typische Waage bezeichnet hatte. Anscheinend kannte sie sich auch mit Sternzeichen aus. Normalerweise fand ich Leute, die an Pseudowissenschaften wie Astrologie glaubten, grundsätzlich doof, aber bei Sofie störte es mich komischerweise nicht.

Gerade wollte ich sie fragen, woran sie sonst noch glaubte, als Kathrin, Esther, Leon und Jannis auf uns zu kamen.

Esther winkte schon von Weitem mit ihrer Tasche. »Leute, heute lassen wir es krachen. Meine Eltern hatten mal wieder ein schlechtes Gewissen, weil sie sich viel zu wenig um mich kümmern.«

»Ich weiß gar nicht, was du gegen deine Eltern hast«, sagte Kathrin. »Ich würde ja sofort mit dir tauschen.« Sie sagte es ein bisschen zu fröhlich.

Sofie tauschte einen kurzen Blick mit Jannis.

Dann sagte Leon: »Ihr müsst mir nur eins versprechen: keine Boutiquen, wo es nur Mädchenkram gibt.«

Jannis grinste. »Vergiss es! Genau da wollen die doch hin. Wie wär's, wenn wir beide uns abseilen und die Mädels in zwei Stunden wieder treffen, wenn sie sich ausgetobt haben?«

»Jaaa!«, rief Leon und klopfte Jannis auf die Schulter.

»Das meint ihr nicht ernst, oder?«, rutschte es mir heraus.

Sofie nickte. »Und wie ernst die das meinen. Lass sie! Alleine haben wir garantiert mehr Spaß.«

Plötzlich hatte ich überhaupt keine Lust mehr zum Shoppen, und mir war auch klar, warum: weil Jannis nicht dabei sein würde. Doch er und Leon hatten sich bereits verabschiedet.

Ich versuchte, mir die Enttäuschung nicht anmerken zu lassen, und ging mit Esther, Kathrin und Sofie mit.

»Also, wo fangen wir an?«, fragte Kathrin.

»Da, wo wir immer anfangen!«, rief Esther und nannte den Namen einer Boutique, von der ich noch nie gehört hatte.

Fünf Minuten später wusste ich auch, warum. Es war ein ausgeflippter Laden mit lauter Klamotten von einem angesagten Designer aus London. Die Sachen waren richtig ausgefallen: T-Shirts mit Schlangen und Totenköpfen, Kleider, die aussahen wie Hosen, und Schuhe mit richtig hohen Absätzen, bei denen ich mir nicht vorstellen konnte, auch nur zwei Schritte zu laufen, ohne umzukippen.

Esther, Kathrin und Sofie stürzten sich sofort auf die Regale und Kleiderständer. Nachdem ich zwei, drei Preisschilder gecheckt hatte, bekam ich einen Schock: Ein Teil kostete mindestens so viel, wie ich normalerweise für drei Teile ausgab.

Esther, Kathrin und Sofie hatten inzwischen die Arme voll Sachen, die sie anprobieren wollten.

»Worauf wartest du?«, fragte Esther.

»Sorry, aber so viel Geld hab ich nicht«, sagte ich.

Da mischte sich Kathrin ein und meinte mit todernstem Gesichtsausdruck: »Tja, dumm gelaufen, dann musst du leider wieder nach Hause gehen.«

Ich sah sie sprachlos an, doch im nächsten Moment lachte sie schon wieder. »Nee, war nur Spaß!«

Ich lachte auch, wurde aber das dumpfe Gefühl nicht los, dass Kathrin mich immer noch nicht in ihr Herz geschlossen hatte.

»Kein Problem, Kira«, sagte Esther. »Ich zahle.«

Ich überlegte, wie sie das gemeint hatte.

Da kicherte sie. »Ich zahle wirklich, für alle!«

Erst als Sofie und Kathrin dazu nickten, konnte ich es glauben.

»Na, los«, sagte Esther. »Such dir was aus.«

»Okay«, sagte ich und sah mir die Kleiderständer genauer an. Gleich das erste Shirt gefiel mir total gut: Es war knallgelb und hatte lauter zerbrochene Teile von CDs eingearbeitet, die das Licht reflektierten. Ich ging damit zum Spiegel und hielt es mir vor die Brust.

Sofie trat hinter mich. »Das musst du nehmen! Das passt super zu dir.«

»Meinst du?«, fragte ich.

»Mein ich«, sagte Sofie.

Kurz darauf verließ ich den Laden mit dem neuen T-Shirt, das ich gleich angezogen hatte, und einer Tüte mit zwei weiteren ausgefallenen Teilen, die ich mir alleine nicht hätte leisten können, geschweige denn, dass ich mich noch vor einer Woche überhaupt getraut hätte, sie zu tragen.

Erschöpft und mit Tüten beladen beendeten wir nach zwei Stunden unsere Shoppingtour und ließen uns in die Polster des Cafés fallen, in dem wir uns mit Leon und Jannis verabredet hatten. Die beiden Jungs warteten bereits auf uns.

»Und, was habt ihr so getrieben?«, fragte Kathrin.

Leon zwinkerte Jannis zu. »Wird nicht verraten.«

»Schade eigentlich«, sagte Jannis. »Aber du hast recht, Leon. Sonst ist es keine Überraschung mehr.«

»Los, rückt endlich raus damit!«, rief Esther.

Doch die Jungs schüttelten einmütig die Köpfe.

Sofie wickelte eine ihrer Dreadlocks um den Finger. »Was werden sie schon gekauft haben? Entweder Spiele oder DVDs.«

Leon verzog keine Miene, aber Jannis' Mundwinkel zuckten leicht, also schien Sofie ins Schwarze getroffen zu haben.

»Hoffentlich sind es DVDs«, sagte Kathrin. »Die könnten wir uns nächsten Samstag gleich ansehen. Da haben wir viel Zeit.«

»Wieso?«, fragte ich.

Die fünf sahen sich gegenseitig an und schwiegen. Auf einmal merkte ich wieder, dass ich neu war und die anderen noch kaum kannte. Bestimmt hatten sie ihre ganz persönlichen Rituale und extra Treffen, bei denen sie unter sich sein wollten.

»Hab ich was Falsches gesagt?«, fragte ich.

Jannis schüttelte den Kopf. »Nein, gar nicht. Nur …«

Langsam wurde ich richtig neugierig, aber ich zwang mich, nicht noch mal nachzubohren.

Kathrin nickte. »Ist schon okay, erzähl es ihr ruhig.«

»Also«, fing Jannis an, »wir wollen nächsten Samstag in einen Club gehen. Der macht aber erst um eins auf. Deshalb treffen wir uns vorher bei Kathrin, um uns DVDs anzusehen.«

Ein Club, der um eins aufmachte? Da kam man sicher erst ab achtzehn rein. Leon war achtzehn und Jannis immerhin schon siebzehn, das wusste ich, aber Kathrin, Esther und Sofie waren erst sechzehn, genau wie ich.

»Alles klar«, sagte ich und dachte, dass das Thema damit beendet war.

Doch nach einer kurzen Pause sah Esther mich plötzlich lächelnd an. »Komm doch auch mit, wenn du willst.«

»Ja, das wär toll!«, stimmte Jannis sofort zu, und Sofie nickte.

Nur Kathrin und Leon schwiegen.

»Ich weiß nicht …«, sagte ich. »Ich will euch nicht auf den Wecker fallen. Ihr wollt bestimmt alleine losziehen und …«

Da unterbrach mich Kathrin: »Wieso? Je mehr Leute, desto besser, oder, Leon?«

Der brummte: »Ja, klar.«

Alle sahen mich erwartungsvoll an. »Lust hätte ich schon«, sagte ich. »Aber kommt man denn da einfach so rein mit sechzehn? Bei mir verlangen sie grundsätzlich immer den Ausweis, weil ich noch so jung aussehe.«

»Kein Problem«, sagte Esther. »Mir geht's genauso. Ich schmink mich eben einfach ein bisschen stärker.«

»Und wir haben ja auch noch Leon«, ergänzte Kathrin. »Der hat uns Mädels schon ein paarmal an den Türstehern vorbeigemogelt.«

Ich wusste immer noch nicht, was ich antworten sollte.

Da fragte Sofie: »Oder kriegst du Probleme mit deinem Daddy?«

Mir fiel wieder ein, dass sie gesehen hatte, wie er mich nach dem Wettbewerb umarmt hatte. Schnell sagte ich: »Wie kommst du denn dadrauf? Gut, ich bin dabei.«

Jannis klatschte in die Hände. »Sie ist dabei, dabei, dabei!«

Ich lachte und glaubte es tatsächlich. Dabei hatte ich keine Ahnung, wie ich meine Eltern herumkriegen sollte. Wenn ich ihnen von dem Club erzählen würde, wusste ich jetzt schon, wie ihre Antwort lautete: Nein!

4. Kapitel

Kiras Schwester Jessie

Als Kinder waren Kira und ich ein Herz und eine Seele. Wir haben jeden Tag zusammen gespielt und alles geteilt. Natürlich gab es auch manchmal Streit. Kira konnte ganz schön ausrasten, wenn sie es nicht gleich schaffte, ihren Willen durchzusetzen. Aber hinterher haben wir uns meistens schnell wieder versöhnt. Als ich dann aufs Gymnasium kam, hatte ich am Anfang viele andere Dinge im Kopf. Ich hab neue Freunde kennengelernt und viel mit ihnen unternommen. Für Kira blieb mir einfach nicht mehr so viel Zeit. Sie hat sich nie beschwert, ist ihre eigenen Wege gegangen. Ab da haben wir uns ziemlich voneinander entfernt. Ehrlich gesagt weiß ich nicht besonders viel über meine kleine Schwester. Okay, vor einem Jahr hat sie mir verraten, dass sie mal gekifft hat, aber die Erfahrung war wohl nicht gerade berauschend. Ich hab es auch zweimal ausprobiert, mir ging's genauso. In Kiras Streber-Clique waren Drogen bestimmt nie ein Thema. Dann hat sie ja andere Leute kennengelernt, diese Party-Clique. Und durch die hat sie sich schon verändert. Ich hab das erst gemerkt, als Jannis bei uns zu Hause aufgetaucht ist. Da hatte ich so ein komisches Gefühl. Ich mochte ihn von Anfang an nicht. Ich wusste nicht, wieso, denn er war nett und alles. Trotz-

dem wurde ich dieses Gefühl nicht los. Hätte ich damals bloß gleich mit Kira geredet, auch wenn sie wahrscheinlich nicht auf mich gehört hätte.

Eigentlich ist ja nichts dabei, seine Eltern anzulügen. Sogar Amelie tut es ab und zu, wenn sie sich eine lästige Diskussion mit ihrer Mutter ersparen will. Nur ich hatte offenbar ein Problem damit. Mir fehlte schlicht und ergreifend die Übung. Bisher hatte ich es einfach nicht nötig gehabt, abgesehen von ein paar kleinen Schwindeleien. Welche Eltern hatten auch schon was dagegen, wenn sich ihre Tochter mit Freunden zum Debattieren traf oder übers Wochenende auf eine harmlose Musikfreizeit fuhr? Der Club war alles andere als harmlos, und ein bisschen mulmig war mir schon bei der ganzen Sache. Aber ich konnte jetzt keinen Rückzieher mehr machen. Ich wollte unbedingt mit, allein schon wegen Jannis. Also blieb mir nur eine Möglichkeit: die Wahrheit zu umgehen.

Ich wollte es so schnell wie möglich hinter mich bringen. Deshalb beschloss ich, meine frei erfundene Geschichte gleich beim Abendessen loszuwerden.

Meine Mutter hatte Salat gemacht. Dazu gab es Grünkern-Bratlinge, die total zäh waren. Seit Jessies Schwangerschaft hatte meine Mutter die Ernährung komplett umgestellt und kochte auf einmal nur noch Vollwertzeug.

Gerade als ich anfangen wollte zu reden, kam mir Jessies Freund zuvor, der seit Neuestem dauernd bei uns aufkreuzte. »Sehr lecker!«, schleimte er. »Davon müssen Sie mir unbedingt das Rezept geben, das will ich auch mal ausprobieren.«

Meine Mutter lächelte. »Mach ich gern. Freut mich, dass es dir schmeckt.«

Plötzlich legte Jessie die Gabel weg und stöhnte: »Mir wird schon wieder schlecht.«

Mir war auch flau im Magen, kein Wunder bei den Grünkern-Bratlingen, die sahen ja schon von außen eklig aus, irgendwie schimmelig.

»Soll ich dir ein Glas Wasser bringen?«, fragte mein Vater.

Jessie winkte ab. »Geht schon wieder.«

Die Augen meiner Mutter leuchteten auf. »Wetten, es wird ein Junge? Ich hab mal gehört, dass bei Jungen die Schwangerschaftsübelkeit besonders schlimm sein soll.«

»Echt?«, sagte Heiko und strich Jessie über den Bauch. »Ich dachte, es ist genau andersrum. Aber mir ist sowieso egal, was es wird. Hauptsache, es ist gesund.«

Jessie sah ihn verliebt an.

»Ich hätte nichts gegen ein Mädchen«, mischte sich mein Vater ein, »wenn sie so wird wie Jessie oder Kira ...«

»Ach, Thomas!«, protestierte meine Mutter. »Wir haben doch schon zwei Mädchen, da wär es doch schön, wenn zur Abwechslung auch mal ein Junge kommt.«

Jetzt war mir der Appetit endgültig vergangen. »Zur Abwechslung auch mal ein Junge« war leicht untertrieben. Meine Mutter hatte sich immer schon einen Jungen gewünscht. Nachdem es bei Jessie nicht geklappt hatte, hatte sie all ihre Hoffnung auf mich gesetzt. Die Ärztin hatte ihr sogar schon auf dem Ultraschall den angeblichen Penis gezeigt, und sie war völlig aus dem Häuschen gewesen. Als ich dann auf die Welt kam, stellte sich der vermeintliche Penis dummerweise als Schatten auf dem Ultraschall heraus.

»Na gut, dann wird es eben ein Junge«, lenkte mein Vater schließlich ein, »aber können wir auch mal von was anderem reden?«

Ich warf ihm einen dankbaren Blick zu. Offenbar konnte er Gedanken lesen.

Und dann spulte ich die Sätze ab, die ich mir vorher zurechtgelegt hatte: »Genau, ich wollte euch nämlich noch was sagen: Nächsten Samstag hat Amelie mich eingeladen. Wir wollen zusammen Französisch lernen. Wird sicher länger dauern. Kann ich bei ihr übernachten?«

Meine Mutter hatte mir nicht zugehört. »Entschuldige, ich war leider ganz woanders. Was hast du gesagt?«

Das brachte mich völlig aus dem Konzept. »Äh ...«, fing ich noch mal an. »Amelie hat mich ... ich bin nächsten Samstag bei ihr, zum Englischlernen, und will bei ihr übernachten.«

Mein Vater runzelte die Stirn. »Hast du nicht gerade von Französisch gesprochen?«

Mist! Wie hatte mir das nur passieren können? »Stimmt«, sagte ich schnell, »Französisch – und Englisch lernen wir auch gleich, die nächste Arbeit kommt bestimmt.«

Mein Vater nickte. »Verstehe. Ihr seid wieder mal fleißig, was?« Dann tauschte er einen kurzen Blick mit meiner Mutter.

Ich presste unter dem Tisch die Daumen, bis sie wehtaten.

Endlich antwortete meine Mutter: »Klar kannst du bei Amelie übernachten, aber warum fragst du schon eine Woche im Voraus?«

»Ich wollte nur, dass ihr Bescheid wisst«, murmelte ich und beugte mich tief über meinen Teller, damit sie nicht sah, dass ich rot geworden war.

»Nett von dir«, sagte mein Vater.

Damit war das Thema vom Tisch, und mein Vater erzählte ein Erlebnis aus dem Büro. Ein Bauherr hatte erst alles ganz modern haben wollen, doch als mein Vater ihm entsprechende Vorschläge gemacht hatte, hatte er plötzlich Angst vor der eigenen Courage bekommen. Mein Vater brachte mich mit seinen Geschichten sonst immer zum Lachen, aber heute konnte ich gar nicht richtig zuhören.

Ich hatte es geschafft! Beinahe wäre es schiefgegangen, aber ich hatte noch mal Glück gehabt. Ich hatte meine Eltern angelogen, und sie hatten nichts gemerkt! Nächsten Samstag würde ich in den angesagtesten Club der Stadt gehen. Ich, Kira, die langweilige Streberin, das kleine Wunderkind, das außer Lernen und Klavierspielen nichts von der Welt da draußen wusste. Das war einmal. Am Samstag würde ich Kira, die Streberin, für immer begraben und als coole Kira wiederauferstehen.

Als ich am Samstag um sieben vor dem grauen Mietshaus stand, in dem Kathrin wohnte, spürte ich kein bisschen von der neuen, coolen Kira. War der Club nicht eine Nummer zu groß für mich? Was, wenn es dort Schlägereien gab? Oder mich irgendwelche widerlichen Typen angrapschten? Vorausgesetzt, ich kam überhaupt rein. Genau, was sollte ich bloß machen, wenn die mich als Einzige nicht reinließen? Im Kino glaubten sie mir ja auch nie, dass ich schon sechzehn war. Natürlich würde ich darauf bestehen, dass die anderen ohne mich feierten, ich wollte ihnen den Spaß auf keinen Fall verderben. Aber wo sollte ich dann hin? Amelie hatte ich zwar vorgewarnt, sie wusste, dass ich offiziell bei ihr übernachtete, doch sie lag mit einer fiesen Erkältung im Bett.

Während ich noch hin und her überlegte, ob ich nicht doch lieber umkehren sollte, knackte es plötzlich in der Sprechanlage. »Kira? Was machst du denn so lange da draußen? Komm endlich hoch!«

Kathrin hatte mich offenbar bereits vom Fenster aus gesehen.

»Ich komm schon«, sagte ich.

Der Summer ertönte, und ich stieß die Haustür auf. Schnell lief ich die Treppen hoch. Kathrin wohnte im fünften Stock. Als ich bei ihr ankam, war ich ziemlich außer Puste. Die Tür stand offen, und ich ging rein. Wenn man es mit Esthers Elternhaus verglich, lebte Kathrin in ziemlich einfachen Verhältnissen. Die Wohnung war klein und schon länger nicht mehr renoviert worden. An den Wänden platzte teilweise die Tapete ab. Dafür gab es jede Menge Regale im Flur, die alle mit Büchern vollgestopft waren. Allein deshalb fühlte ich mich hier auf Anhieb viel wohler als bei Esther.

Ich folgte dem Stimmengewirr und landete automatisch in Kathrins Zimmer auf der linken Seite des Flurs. Als ich in der Tür stand, sah ich als Erstes ein großes Sofa und dann Jannis, der sich der Länge nach darauf ausgebreitet hatte. Leon saß auf dem Boden mit einem Stapel DVDs auf dem Schoß, und Sofie, Esther und Kathrin standen am Fenster. Sie hatten sich bereits gestylt und die neuen Sachen an, die sie in der Boutique gekauft hatten.

»Na, endlich!«, rief Kathrin. »Ich dachte schon, du hast es dir im letzten Moment doch noch anders überlegt.«

»Hab ich nicht«, sagte ich, warf meine Jacke über einen Stuhl und strich mein neues T-Shirt mit den zerbrochenen CDs glatt.

Jetzt kamen mir meine Fluchtgedanken auf einmal absolut lächerlich vor. Ich würde schon irgendwie in den Club kommen. Und was die Schläger und widerlichen Typen anging, vor denen würde mich Jannis beschützen.

»Setz dich doch«, sagte er und machte Platz auf dem Sofa.

Das ließ ich mir nicht zweimal sagen. Schnell ließ ich mich neben ihn in die weichen Kissen fallen.

»Wollt ihr was trinken?«, fragte Leon. »Ich hab was mitgebracht.«

Alle nickten, und Leon riss die Folie von einem Sixpack auf. Wir verteilten die Bierdosen. Sofie setzte sich neben mich aufs Sofa, Esther und Kathrin zu Leon auf den Boden. Das Zischen der Verschlüsse kam mir vor wie ein Startsignal für unsere gemeinsame Nacht. Mein Herz klopfte schneller.

»Wo sind eigentlich deine Eltern?«, fragte Sofie.

Kathrin verzog den Mund. »Du meinst, weil es so leise ist? Du hast recht, normalerweise fliegen am Wochenende immer die Fetzen, aber dieses Wochenende sind sie zusammen zu einem Seminar gefahren. Ratet mal, wie das heißt: *Paarprobleme lösen leicht gemacht*!« Sie lachte ein kurzes, verbittertes Lachen.

»Deine Eltern reden wenigstens noch mit dir«, sagte Esther trocken, »meine beschränken sich darauf, mir Geld zu geben.«

Kathrin nickte nur.

»Tut mir leid«, sagte Sofie. »Ich meine, dass deine Eltern immer noch Probleme haben.«

»Mir auch«, sagte Jannis und strich Kathrin über die Schulter.

Die schüttelte seine Hand ab. »Hauptsache, sie sind weg – zu zweit, ohne mich. Die wollten mich nämlich glatt mitschleppen, weil Kinder ja sooo viel helfen können, schließlich sind sie ein gaaanz wichtiger Teil der Ehe ... Ich kann den Scheiß nicht mehr hören. Am liebsten würden sie mich voll integrieren in diese ganzen bescheuerten Kurse und Workshops. Eine Therapie wollten sie mir auch schon andrehen – und einen Schnitzkurs, zum Abreagieren, damit sie nicht abkriegen, was sie angerichtet haben.«

Esther seufzte: »Du Arme!«

»Bevor du das nächste Mal so einen Workshop ausschlägst«, sagte Jannis, »frag mich vorher. Ich geh da sofort hin, das klingt echt spannend.«

Bei Jannis konnte ich mir das tatsächlich vorstellen. Ich sah ihn schon vor mir, in einem Stuhlkreis zwischen lauter Jugendlichen, die ihr Herz ausschütteten und von ihren Neurosen erzählten, aber er würde sie am Schluss alle umhauen mit noch viel abstruseren Neurosen.

Kathrin fand die Bemerkung nicht so lustig. »Wenn du so scharf drauf bist, zieh doch gleich hier ein!«

»Danke, so weit geht meine Begeisterung dann doch nicht«, sagte Jannis.

Ich nahm einen Schluck von meinem Bier, aber es schmeckte schal, genau wie die Stimmung.

Da sprang Sofie auf. »Von so was lassen wir uns doch nicht den Abend verderben!«

»Stimmt!«, rief Esther. »Der Abend gehört ganz allein uns fünf ... äh ... sechs!«

Leon hob seine Bierdose hoch. »Darauf müssen wir anstoßen.«

Das Blech der Dosen schepperte, als sie aneinanderstießen. Dabei berührten sich zufällig Jannis' Finger und meine. Schnell zog ich meine Hand zurück.

Jannis schien es nicht bemerkt zu haben. Er klopfte Leon auf die Schulter. »Also, jetzt zeig endlich, was wir zu bieten haben. Die Mädels sind doch schon ganz gespannt.«

Leon las die Titel der DVDs vor. Ich hatte mit Actionfilmen gerechnet, mit Thrillern oder mit irgendwelchen blutrünstigen Splatterfilmen, die sich die meisten Jungs in unserer Klasse reinzogen, um für eine Weile ihre Pickel und spärlich sprießenden Barthaare zu vergessen. Die Auswahl von Leon und Jannis überraschte mich: Eine turbulente Liebeskomödie war dabei, der Uralt-Klassiker »Casablanca« und »Indien«, ein Film von Josef Hader, einem österreichischen Schauspieler und Kabarettisten, den ich mal im Radio gehört hatte. Ziemlich schwarzer Humor, aber echt gut.

»Ich bin für Herzschmerz«, sagte Esther. »›Casablanca‹ hab ich schon ewig nicht gesehen.«

Leon schüttelte den Kopf. »Die Komödie ist viel besser.«

»Ich schwanke noch«, sagte Jannis. »›Casablanca‹ ist natürlich geil, aber die Komödie ist auch geil.«

»Wer ist für den Hader-Film?«, fragte Sofie und hob gleichzeitig die Hand.

Sofort streckte ich meine nach oben, zusammen mit Kathrin.

Sofie grinste. »Sieht ganz danach aus, als ob wir dir die Entscheidung abgenommen hätten, Jannis.«

Der grinste zurück. »Hader ist natürlich auch geil.«

Damit war die Wahl getroffen. Wir lümmelten uns aufs Sofa und auf Kissen am Boden, während Kathrin den Fernseher auf einen Hocker stellte und die DVD einlegte. Die nächsten eineinhalb Stunden vergingen total schnell. Der Hader-Film war sehr, sehr schräg und witzig, wir lachten uns halb kaputt. Bis dann plötzlich die Komik in Tragik kippte und einer der Hauptdarsteller Krebs bekam. Als er starb, schniefte ich ganz schön, zusammen mit Sofie und Kathrin. Esther und Leon schafften es ohne Tränen, aber dafür heulte Jannis umso mehr. Ich hatte noch nie einen Mann heulen sehen, abgesehen von meinem Vater, und den hatte ich auch nur ein einziges Mal weinend erlebt, als sein Computer mit sämtlichen Daten abgestürzt war.

Ich angelte nach meiner Tasche und hielt Jannis ein Päckchen Papiertaschentücher hin, weil seins längst durchweicht war.

»Danke!«, schluchzte er.

»Mann, reiß dich zusammen«, sagte Leon, seine Stimme klang jedoch verdächtig rau dabei.

Sofie legte die DVD zurück in die Hülle und seufzte.

»Irgendwie ist heute der Wurm drin. Das war schon der zweite Stimmungskiller an einem Abend.«

Kathrin ging hinüber zur Stereoanlage am Fenster. »Das können wir ändern. Wie wär's mit der neuen CD von Madonna?«

»Jaaa!«, rief Esther. »Das ist die ideale Musik zum Schminken.« Damit zog sie einen prall gefüllten Beutel aus ihrem Rucksack und leerte ihn auf Kathrins Schreibtisch aus. »Ich darf doch, oder?«

»Klar«, sagte Kathrin.

Die drei Mädchen rückten sich Stühle an den Tisch und sortierten die Auswahl an Schminkutensilien.

»Was ist mit dir, Kira?«, fragte Esther. »Schminkst du dich nicht?«

»Hab ich doch schon«, sagte ich, ohne zu erwähnen, wo: nämlich auf dem Klo im McDonald's. Das war gar nicht so einfach gewesen, weil dauernd Leute reinkamen. Aber da ich mich sowieso den ganzen Nachmittag in der Stadt herumgetrieben hatte, um meine Eltern in Sicherheit zu wiegen, hatte ich wenigstens viel Zeit dafür gehabt.

Kathrin sah mich prüfend an, dann prustete sie los. »Für ein Klavierkonzert wär's ganz okay, aber heute musst du schon ein bisschen mehr auflegen.«

Ich wurde rot. »Meint ihr?«

»Auf alle Fälle«, sagte Sofie. »Sonst kommst du garantiert nicht rein.«

Das wollte ich natürlich vermeiden, aber ich hatte mich noch nie stärker geschminkt. Also quetschte ich mich zwischen Esther und Sofie und ließ mich von ihnen beraten. Eine Viertelstunde später sah ich in den Spiegel und erkannte mich selbst kaum wieder: Der helle, fast weiße Puder, der schwarze, dicke Kajal um meine Augen und der lilafarbene Lidschatten machten einen Vamp aus mir.

Sofie, die ihren Kajal noch eine Spur stärker aufgetragen hatte, warf einen letzten Blick auf mein Gesicht und nickte zufrieden. »Perfekt!«

Vom Sofa kamen übertrieben laute Schnarchgeräusche. »Seid ihr endlich so weit?«, fragte Jannis. »Es ist gleich zwölf.«

»Fast!«, sagte Esther. »Wir müssen nur noch mal kurz aufs Klo.« Damit verschwand sie mit Kathrin und Sofie kichernd im Flur.

Leon stöhnte. »Ich glaub, ich werde nie begreifen, warum Mädchen nie alleine aufs Klo gehen können.«

»Wahrscheinlich haben sie Angst, dass sie sonst verloren gehen könnten, im Dschungel des Lebens«, raunte Jannis.

Ich blitzte ihn an. »Also mich betrifft das nicht. Ich hab keine Angst.«

»Gut«, sagte Jannis. »Ich *liebe* furchtlose Mädchen!«

Meinte er das jetzt ernst, oder machte er wieder nur Witze? Ich konnte es nicht herausfinden, weil in dem Moment Esther, Kathrin und Sofie aus dem Bad zurückkamen. Sie kicherten noch mehr als vorher, und Kathrin strahlte. All ihre Wut und Traurigkeit waren auf einmal wie weggeblasen.

»Los, ihr Couch-Potatoes!«, rief sie. »Die Nacht gehört uns!«

5. Kapitel

Kiras Freund Nico

Ich kenne Kira schon seit der fünften Klasse, Amelie kam erst in der sechsten dazu. Am Anfang haben Kira und ich uns ziemlich angegiftet, weil wir beide Klassenbester sein wollten. Irgendwann haben wir gemerkt, wie bescheuert das eigentlich ist. Dann sind wir Freunde geworden, und mit Amelie war unsere Clique komplett. Wir hatten immer Spaß zusammen, haben heiße Debatten geführt und so. Dass Kira plötzlich weniger Zeit für uns hatte, ist mir natürlich aufgefallen, aber ich hab mir nichts weiter dabei gedacht. Amelie hat sich viel mehr Sorgen gemacht als ich. Sie hat auch Angst gehabt, dass Kira Drogen nimmt. Ich Idiot hab sie noch beruhigt und ihr das ausgeredet. Kira ist viel zu intelligent dazu, hab ich gesagt, sie würde so was nie tun. Schließlich kam die Sache ja dann raus, und ich war genauso geschockt wie alle anderen. Klar hab ich ein schlechtes Gewissen. Aber ich war damals einfach viel zu sehr mit mir selber beschäftigt, mit meinen Problemen, die ich keinem erzählen konnte, nicht mal Amelie und Kira. Damals dachte ich, dass kein Mensch auf der Welt solche großen Probleme hat wie ich. Von wegen!

»Hilfe!«, kreischte Esther. »Ich krieg keine Luft mehr!«

Esther kicherte. »Zieh deinen Bauch ein!«

Leons Auto war eigentlich schon für fünf Personen zu klein, aber zu sechst schrumpfte es auf die gefühlte Größe einer Sardinenbüchse. Leon und Jannis hatten es gut, sie saßen vorne, während Esther, Sofie, Kathrin und ich uns auf der Rückbank stapelten.

»Wie lange dauert's denn noch?«, fragte ich und musste auf einmal auch kichern. Esther, Sofie und Kathrin hatten mich angesteckt.

Jannis drehte sich zu mir um. »Kann sich nur noch um Stunden handeln. Da vorne ist der Club, aber mit Parkplätzen sieht's schlecht aus.«

Leon musste dreimal um den Block kurven, bis zufällig ein Auto wegfuhr und er die frei gewordene Parklücke übernehmen konnte. Er war so erleichtert, dass er zu schnell reinfuhr und die Reifen am Bordstein entlangschrammten. Wir klatschten trotzdem begeistert wie die Touristen in den Fliegern, wenn der Pilot auf Mallorca landet.

Jannis sprang aus dem Wagen und machte die rechte Hintertür auf.

»Hilfe!«, kreischte Esther wieder. »Ich falle!«

Sie fiel zwar nicht, aber sie rutschte aus der Tür, und unser Stapel aus Körpern, Armen und Beinen löste sich auf. Lachend standen wir schließlich auf dem Gehsteig und rieben uns unsere steifen Gelenke. Die Nachtluft war noch kälter als auf Esthers Party.

Ich rieb mir die Hände und sah mich um. Wir waren in einer abgelegenen Gegend der Stadt in der Nähe des stillgelegten Güterbahnhofs. Hier war ich noch nie gewesen.

Kein Wunder, denn außer einer Dönerbude und einer Tankstelle gab es hier auch nichts – bis auf den Club natürlich. Wenn ich alleine gewesen wäre, tagsüber, wäre ich wahrscheinlich an der Stahltür des ehemaligen Fabrikgebäudes vorbeigegangen, ohne zu merken, was sich dahinter verbarg. Jetzt, mitten in der Nacht, markierte eine schwache gelbe Lampe den Eingang, und tiefe Bässe im Stakkato-Rhythmus drangen nach draußen. Vor der Stahltür hatte sich eine Schlange von etwa einem Dutzend Leuten gebildet.

Plötzlich rutschte mir das Herz in die Hose. Die Leute sahen alle viel älter aus als ich. Keiner schien dabei zu sein, der erst sechzehn war.

Da spürte ich einen Knuff in meiner Seite, und Sofie raunte mir ins Ohr: »Komm schon, das schaffen wir.«

Ich war mir da nicht so sicher. Trotzdem nickte ich und riss mich zusammen.

Jannis warf einen Blick in unsere Runde. »Hm, am besten geht Leon erst mal mit Esther vor. Wenn sie drin ist, kommt er wieder raus und holt Kira nach. Okay?«

»Okay«, sagte ich.

Leon legte leicht verkrampft den Arm um Esther. Die kuschelte sich an seine Brust und schnurrte wie ein Kätzchen: »Ich freu mich schon so, mein Süßer!«

»Lass das«, murmelte Leon, »sonst muss ich lachen.«

»Aber wieso denn?«, flötete Esther.

Leon brummte irgendetwas, dann stellten sich die beiden in der Schlange an. Ich blieb mit den anderen in einiger Entfernung auf dem Gehsteig stehen, und Sofie und Kathrin zündeten sich eine Zigarette an.

Ich musste immer noch über Leon grinsen. Warum war er bloß so schüchtern? Hatte er noch nie mit objektiven Augen in den Spiegel gesehen? »Leon ist ja nicht gerade der große Redner«, sagte ich.

Kathrin verschluckte sich an ihrem Rauch und musste husten. Sofie klopfte ihr auf den Rücken.

»Wart's ab«, sagte Kathrin, als ihr Husten wieder vorbei war. »Er kann auch ganz schön aufdrehen.«

Leon und aufdrehen? Das konnte ich mir schwer vorstellen, aber ich wollte Kathrin nicht widersprechen, schließlich kannte sie ihn zehnmal besser als ich.

Leon und Esther rückten ziemlich schnell in der Schlange vorwärts. Als ich das nächste Mal zum Eingang hinsah, waren sie auch schon verschwunden.

Sofie grinste. »Na also, lief doch super.«

Ein Funken Hoffnung glimmte in mir auf. Trotzdem war ich immer noch wahnsinnig aufgeregt, schlimmer als vor jedem Konzert, bei dem ich bisher gespielt hatte.

»Hast du eine Zigarette für mich?«, fragte ich Sofie.

Sie sah mich überrascht an. »Ich dachte, du rauchst nicht?«

»Heute schon«, sagte ich.

Während sie noch nach ihren Zigaretten kramte, hielt Jannis mir bereits zwei Schachteln hin: »Mit Menthol oder mit Mango?«, fragte er. »Ich finde ja beide gleich gut.«

Typisch Jannis! Ich musste lachen und entschied mich schließlich für Menthol. Sofie gab mir Feuer, und Jannis zündete sich auch eine Mentholzigarette an.

»Und, wie findest du sie?«, fragte er, kaum hatte ich den ersten Zug genommen.

»Gut«, sagte ich. »Doch, echt gut.«

Kathrin stampfte mit den Füßen auf den Boden. »Mann, ist das kalt! Mir frieren gleich die Zehen ab. Sagt mal, können wir nicht schon mal vorgehen?« Dabei machte sie eine Kopfbewegung in meine Richtung.

Ich begriff erst nach ein paar Sekunden, was sie damit meinte: Sie wollte mit Sofie und Jannis abziehen und mich hier alleine lassen! Bei dem Gedanken schnürte sich meine Kehle zu.

»Kommt nicht infrage!«, sagte Jannis. »Wir warten, bis Leon zurück ist.«

Kathrin nickte. »Okay, okay. War ja nur ein Vorschlag.«

Am liebsten wäre ich Jannis vor lauter Dankbarkeit um den Hals gefallen, aber das ging natürlich nicht. Stattdessen lächelte ich ihm zu.

Wir standen weiter rum und warteten. Immer wieder kamen neue Leute an und reihten sich in die Schlange ein. Ich sah auf meine Armbanduhr und erschrak: Schon halb zwei! Wo steckte Leon bloß? Hatte er uns etwa vergessen?

In dem Moment schob er sich durch die Schlange zu uns durch.

»Wo warst du denn?«, fragte Jannis.

Leon hob die Schultern. »Ich hab jemanden getroffen, den ich kannte, und dann musste ich noch schnell aufs Klo. Bei Kathrin hatte ich ja vorhin keine Chance. Ey, ihr glaubt nicht, was da drin abgeht! Der Laden ist jetzt schon total voll, die hätten mich fast nicht mehr rausgelassen. Komm, Kira! Worauf wartest du noch?«

Ich starrte ihn an. So viele Sätze auf einmal hatte ich ihn noch nie reden hören. Und auch sonst war er wie ausgewechselt: total locker und überhaupt nicht mehr verkrampft. Bevor ich mich weiter darüber wundern konnte, nahm er schon meine Hand, drückte sie fest und führte mich zielstrebig zur Schlange hin.

Plötzlich hämmerte mein Herz so schnell wie das Stakkato der Bässe.

»Magst du eigentlich Minimal-Techno?«, fragte Leon.

»Geht so«, gab ich zu. »Aber wenn ich im Tanzen drin bin, wie neulich auf der Party bei Esther, reißt es mich schon mit.«

»Ich liebe Minimal-Techno!«, rief Leon. Und dann schwärmte er mir vor, was alles er daran so toll fand.

Ich hörte ihm nur mit halbem Ohr zu, weil es mich nicht besonders interessierte, war aber trotzdem heilfroh dass er quatschte und mich dadurch wenigstens ein bisschen ablenkte. Immer näher rückten wir in der Schlange nach vorne. Jetzt konnte ich auch den Türsteher sehen. Trotz Kälte hatte er nur ein T-Shirt an, das mindestens eine Nummer zu klein war und von seinen Oberarmmuskeln fast gesprengt wurde. Der rechte Unterarm war komplett mit einer großen Tätowierung bedeckt. Na, toll! Wenn der mich sah, würde er garantiert die Augenbrauen hochziehen und mich auffordern, schleunigst wieder heimzugehen zu meiner Mama.

»Aber das Allerbeste sind wirklich die harten Beats«, sagte Leon. Er hatte seine Ausführungen offenbar beendet und sah mich erwartungsvoll an.

»Verstehe«, sagte ich. »Äh … könntest du …«

»… den Arm um dich legen?«, beendete er für mich den Satz.

Er hatte genau meine Gedanken erraten! Und dann rückte er auch schon näher an mich heran. Ich spürte die Wärme seines Körpers und roch einen Duft, der mich ein bisschen an die Seife meines Vater erinnerte. Der Takt meines Herzschlags wurde etwas langsamer. Ich atmete tief durch. Und dann gab es kein Zurück mehr: Wir standen vor dem Türsteher.

Er musterte uns von Kopf bis Fuß und zögerte. Meine Knie wurden weich, und ich kuschelte mich noch enger an Leon.

»Hi«, sagte er lässig zum Türsteher. »Ganz schön was los heute, was?«

Der Türsteher grinste und zeigte dabei einen vergoldeten Schneidezahn. »Allerdings. Na dann, viel Spaß!« Er winkte uns durch.

»Danke«, sagte Leon und schob mich durch die Tür. Meine Knie waren immer noch weich wie Butter.

Ich konnte es einfach nicht glauben: Ich war drin – mittendrin!

Meine Augen brauchten eine Weile, bis sie sich an das dunkle Licht gewöhnt hatten. Ein schmaler Gang öffnete sich zur Tanzfläche. Die Bässe dröhnten so laut, dass ich jeden Beat wie einen Schlag in die Magengrube spürte. An den Wänden blinkten Spots in knallbunten Farben, formten sich zu immer neuen Kreisen, Spiralen und Quadraten. Zwei riesige Lautsprecher flankierten die Tanzfläche. Auf jedem der Lautsprecher stand ein Mädchen, die eine blond, die andere schwarz. Beide streckten ihre Körper, als ob sie die Decke erreichen wollten, tanzten auf der Stelle, mit geschlossenen Augen, völlig verzückt. Einige Männer starrten bewundernd zu ihnen hoch.

Ich drehte mich um. Oben auf der Empore hatte der DJ sein Reich, nah und doch fern von den anderen, hinter seinen Plattentellern und der Elektronik voll Kabelsalat. Cool, sehr cool. Überhaupt hatte ich noch nie so viele coole Leute auf einem Fleck gesehen – vor allem so viele coole Leute über achtzehn. Esthers Party war dagegen eine lächerliche Kinderveranstaltung gewesen. Alle schienen sich zu kennen, waren gut drauf, bewegten sich aufeinander zu und wieder weg nach einem unsichtbaren Muster.

Da winkte Esther uns zu, die am Rand der Tanzfläche gestanden hatte, und kam auf uns zu. Sie strahlte mich an und umarmte mich. »Kira, es ist so schön hier, so schön!«

Sie sagte es auf eine Art und Weise, als ob auch ich ein Grund dafür wäre, dass sie es schön fand.

Ich wusste nicht, was ich sagen sollte, und blieb verwirrt stehen, als sie sich aus der Umarmung löste.

Da beugte sich Leon zu uns vor. »Wollt ihr was trinken?«

»Ja!«, riefen Esther und ich wie aus einem Mund. Und dann kicherten wir plötzlich gleichzeitig los, völlig ohne Grund.

Leon schüttelte lachend den Kopf und bestellte an der Bar etwas, das ich vor lauter Lärm nicht verstand. Es dauerte, bis einer der zwei Typen hinter der Bar seine Bestellung erfüllte. Als er endlich sechs kleine Fläschchen über die Theke reichte, waren Sofie, Kathrin und Jannis auch da. Leon gab jedem von uns ein Fläschchen. Erst als wir uns zuprosteten, erkannte ich die Aufschrift: Jägermeister. Alle kippten den Schnaps auf ex. Ich nahm erst mal einen kleinen Schluck und verzog das Gesicht. Er schmeckte scheußlich. Den Rest kippte ich auch auf ex hinunter. Jannis sammelte die leeren Flaschen ein und stellte sie irgendwo ab.

Dann rückten alle noch näher, bis wir uns in einem engen Kreis gegenüberstanden: Esther, Sofie, Kathrin, Leon, Jannis und ich. Plötzlich spürte ich zwei Hände, die wie selbstverständlich meine suchten, links die von Sofie und rechts die von Jannis. Jannis' Hand war groß und weich. Meine Hand verschwand fast darin. Er drückte sie zwei-, dreimal ganz kurz. In meinem Bauch kribbelte der Jägermeister.

Wir hielten uns alle an den Händen, und ich gehörte dazu, als ob es nie anders gewesen wäre. Obwohl ich die Hände der anderen drei nicht berührte, spürte ich sie trotzdem, spürte das Band zwischen uns. Ein Wort schoss mir durch den Kopf: Freunde!

Dann löste einer nach dem anderen die Hände. Der Abstand wurde wieder größer zwischen uns, aber das Band war immer noch da.

Dann gingen wir zusammen auf die Tanzfläche. Ich konzentrierte mich auf die harten, kurzen Beats, versuchte sie aufzunehmen mit meinem Körper. Um mich herum zuckten die Körper der anderen, am Anfang noch in unterschiedlichen Bewegungen, doch bald schon synchron. Als hätten die anderen sich monatelang eine komplizierte Choreografie ausgedacht und einstudiert, die sie jetzt präsentierten. Alles passte zusammen, ohne aufgesetzt zu wirken. Ich versuchte es mit dem Kopf zu begreifen, aber es gelang mir nicht.

»Denk an den Flow!«, brüllte Sofie mir zu.

Ich nickte und schaltete meinen Kopf aus, schaltete um auf den Musikfilm, den ich im Konzert angesehen hatte. Nach einer Weile wurde es besser. Ich spürte, wie die Musik durch mich hindurchfloss. Und dann spürte ich, dass der Flow auch bei den anderen ankam. Jetzt nahmen sie meine Bewegungen auf.

Wir tanzten, tanzten, tanzten. Es gab nichts anderes um uns herum, es gab nur uns. Ich wusste nicht, wie viel Zeit vergangen war, doch irgendwann merkte ich, wie meine Beine müde wurden. Außerdem hatte ich einen Riesendurst.

Ich gab den anderen ein Zeichen, indem ich meine Hand an den Mund führte wie ein Glas Wasser. Sie nickten mir zu und tanzten weiter.

An der Bar drängten sich Massen von Leuten. Ich musste ewig warten, bis ich endlich mein Wasser bekam. Hastig trank ich es in großen Schlucken aus und wanderte dabei zurück zur Tanzfläche.

Esther, Leon, Sofie, Kathrin und Jannis schienen nicht müde zu werden. Sie steckten voller Energie. Ich sah ihnen zu und fühlte, wie glücklich sie waren. Wie sie Freude versprühten, sie sich gegenseitig schenkten. Auf einmal spürte ich einen Stich in meiner Brust. So glücklich waren Amelie, Nico und ich noch nie zusammen gewesen, selbst in den tollsten Momenten nicht. Uns verband zwar sehr viel, gemeinsame Interessen, klar, aber noch nie hatte ich mich so richtig verbunden mit ihnen gefühlt, mit der ganzen

Kraft unserer Herzen. Bis heute hatte ich nicht gewusst, dass mir etwas fehlte. Hatte nur manchmal diese unbestimmte Sehnsucht tief in mir drin gehabt, aber gedacht, das ist normal, das kennen alle.

Plötzlich sehnte ich mich ganz heftig danach, mit Jannis und den anderen befreundet zu sein, richtig befreundet, für immer. Aber vielleicht war das ja zu viel verlangt, einfach zu schön, um wahr zu sein. Ich musste mich bremsen, meine Hoffnung zügeln. Trotzdem – eines konnte mir keiner mehr nehmen: das unglaubliche Gefühl dieser Nacht.

Da winkte Kathrin mir mit beiden Händen zu. Immer wieder winkte sie und rief etwas, das ich nicht verstand, das aber »Komm!« heißen musste.

Ich stellte mein Glas ab. Wenn Kathrin jetzt doch plötzlich beschlossen hatte, mich in ihr Herz zu schließen, konnte ich sie nicht länger warten lassen.

6. Kapitel

Kiras Mutter

Es war ein Schock. Ich war nicht darauf vorbereitet, und plötzlich brach die schreckliche Nachricht über unsere Familie herein: Kira nimmt Ecstasy. Ab da hat sich mein Leben komplett verändert. Davor dachte ich immer, wir sind eine ganz normale Familie. Natürlich hatten wir auch manchmal Probleme, mit beiden Mädchen. Bei Jessie waren es mehr die Noten, bei Kira mehr ihr starker Wille. Oft wollte sie mit dem Kopf durch die Wand. Als sie in die Pubertät kam, wurde sie ziemlich verschlossen. Sie redete nicht mehr über ihre Gefühle, vor allem mit mir nicht. Anfangs hat mich das sehr verletzt, aber schließlich, nachdem ich mit anderen Eltern gesprochen hatte, denen es ähnlich ging, hab ich mich damit abgefunden. Alle Jugendlichen gehen in der Pubertät auf Distanz zu ihren Eltern, um sich abzunabeln. Also hab ich Kira in Ruhe gelassen, hab mich auch zurückgezogen. Das war der größte Fehler meines Lebens. Je weniger ich mit ihr redete, mir Zeit für sie nahm, umso mehr hat sie sich von mir entfernt. Früher hätte ich es sofort gemerkt, wenn etwas nicht stimmte mit ihr. Ich war so blind! Mir ist nicht mal aufgefallen, dass sie plötzlich dauernd erkältet war und immer magerer wurde. Heute denke ich manchmal, dass ich es nicht sehen wollte. Denn dann hätte ich mich mit vielen Dingen auseinandersetzen müssen, die ich bis dahin lieber unter den Teppich geschoben hatte. Als ich endlich aufwachte aus meiner Naivität, war es fast schon zu spät.

»Kira, Telefon für dich!« Die Stimme meines Vaters riss mich aus dem Tiefschlaf.

Blind griff ich nach dem Wecker auf meinem Nachttisch und blinzelte. Die Digitalanzeige verwirrte mich. Ich brauchte ein paar Sekunden, bis ich begriff, dass Tag und nicht Nacht war, genauer gesagt, halb fünf am Sonntagnachmittag.

»Kira!«, rief mein Vater wieder.

»Ja!«, rief ich zurück und robbte mühsam aus dem Bett.

Meine Beine fühlten sich an, als ob ich einen Marathon quer durch die Stadt hinter mir gehabt hätte. In gewisser Weise war es ja auch ein Marathon gewesen, bis acht Uhr früh, als der Club zugemacht hatte. Danach war ich gleich nach Hause gegangen, weil es sich nicht mehr lohnte, bei Kathrin zu übernachten. Zum Glück hatten meine Eltern da noch geschlafen, und ich hatte mich unauffällig in mein Bett verziehen können.

»Wo steckst du denn?«, fragte mein Vater. Seine Stimme war jetzt schon viel näher und lauter.

Als ich die Tür aufmachte, stieß ich mit ihm zusammen.

Er starrte mich an wie einen Geist. »Wie siehst du denn

aus? Findest du nicht, dass du es langsam übertreibst mit dem Lernen?«

Ich nickte. »Ja, du hast recht.« Dann nahm ich ihm schnell das Mobilteil aus der Hand. Kopfschüttelnd ging er wieder.

»Hallo, hallo?«, fragte Nico.

»Hier bin ich endlich«, antwortete ich.

Nico stöhnte. »Das hat ja ewig gedauert. Hab ich dich etwa bei einem wichtigen Kapitel deiner Doktorarbeit gestört?«

»Nein, ich hab noch gepennt. Was gibt's?«

»Hast du Lust, ins Technische Museum zu gehen?«, schlug er vor.

Das Technische Museum war das absolute Lieblingsmuseum von Amelie, Nico und mir. Die Aufseher dort fragten sich mittlerweile bestimmt schon, ob wir einen Raub planten, weil wir uns jede Ecke und jedes Exponat so genau ansahen.

»Heute nicht«, sagte ich.

Kurze Pause in der Leitung. Dann: »Scheint ja eine harte Nacht gewesen zu sein.«

»Hmm, ja …«, wich ich aus. Die Details wollte ich Nico nicht unbedingt auf die Nase binden.

Er lachte. »Verstehe. Dann geh ich eben allein, Amelie ist ja leider krank. Also, bis morgen!«

»Bis morgen!« Ich wollte schon auflegen, da meinte er noch: »Sag Amelie gute Besserung, wenn du sie später siehst.«

»Klar, mach ich.«

Als ich das Mobilteil ausgemacht hatte, fiel es mir plötzlich siedend heiß ein: Ich hatte Amelie ja versprochen, sie heute zu besuchen. Das hatte ich total verschwitzt. Ich sank aufs Bett und fuhr mir durch die strähnigen Haare. Allein der Gedanke, mich jetzt zu duschen, Haare zu waschen und dann eine halbe Stunde mit dem Rad durch die Kälte zu Amelie zu fahren, machte mich schon total fertig.

Ich überlegte hin und her, und dabei fiel mein Blick auf mein Handy. Obwohl mich das schlechte Gewissen wurmte, beschloss ich, Amelie eine SMS zu schicken und mich zu entschuldigen. Hoffentlich würde sie es verstehen.

Hallo, Amelie,

schaffe es leider doch nicht, heute zu dir zu kommen.
Bitte nicht böse sein!
Gute Besserung, auch von Nico,
Kira

Nach dieser anstrengenden Tat ließ ich mich wieder ins Bett fallen und pennte weiter.

Am Montagmorgen in der Schule kam mir der Samstag im Club wie ein Traum vor. Sofie, Esther, Jannis, Kathrin und Leon hingen in den Seilen und reagierten kaum, als ich sie begrüßte. Nur Jannis nickte kurz und schien sich wenigstens ein bisschen zu freuen, mich zu sehen. Bei den anderen war ich mir nicht so sicher. Ich biss mir auf die Lippen und ging weiter zu meinem Platz. Jetzt war also genau das eingetreten, was ich befürchtet hatte: Ich hatte mir zu viele Hoffnungen gemacht!

Der Gong kündigte die erste Stunde an, und ich schlüpfte auf meinen Platz. Amelie war wieder gesund, sie hatte sich übers Wochenende von ihrer Erkältung erholt. Zum Glück war sie mir nicht böse, weil ich sie nicht besucht hatte.

Sie raunte mir nur schnell zu: »In der Pause musst du mir alles erzählen, ich bin schon so gespannt!«

Ich nickte, obwohl ich überhaupt keine Lust dazu hatte. Es tat weh, wenn ich an die Nähe und Verbundenheit von gestern Nacht dachte und an die Distanz heute Morgen.

Ich zwang mich dazu, mich auf den Unterricht zu konzentrieren. Eigentlich war alles wie immer. Ich saß in meiner Bank, hörte den Lehrern zu und schrieb mit. Hinter mir saß wie immer Nico und neben mir Amelie. Die Streber-Clique. Ich kam mir vor, als hätte mir jemand das Paradies gezeigt und im letzten Moment die Tür wieder zugeworfen. Mein altes Leben passte plötzlich nicht mehr zu mir, ich hatte es abgegeben an der Garderobe und gehofft, ein neues Leben dafür einzutauschen, aber der Tausch war aus irgendeinem Grund schiefgelaufen.

Die Schulstunden schleppten sich dahin. Als es endlich zur Pause läutete und ich zusammen mit Amelie und Nico zur Pausenhalle hinüberging, konnte ich Amelie nicht länger auf die Folter spannen.

»Erzähl, erzähl!«, rief sie aufgeregt, und ich erzählte: von der Musik und den coolen Leuten und dass wir die ganze Nacht getanzt hatten.

»Die ganze Nacht …«, murmelte Amelie. »Du bist echt

verrückt. Ich hätte mich das sowieso nie getraut, in einen Club ab achtzehn zu gehen. Ich wäre wahrscheinlich vor lauter Angst gestorben.«

»Mors certa, hora incerta«, warf Nico trocken ein, »der Tod ist gewiss, ungewiss ist seine Stunde.«

»Lass das«, sagte Amelie. »Im Ernst, Kira, ich bin froh, dass du heute heil wieder hier bist. Dir hätte sonst was passieren können.«

Ich seufzte. »Jetzt redest du schon wie deine Mutter. Es war echt toll dort, total friedliche Stimmung und so. Und ich war ja nicht allein. Leon, Jannis und die anderen haben schon aufgepasst auf uns Mädels.«

»Uns Mädels ...«, wiederholte Amelie leise. »Gehst du jetzt öfter mit denen aus?«

Ich zuckte mit den Schultern. »Weiß noch nicht, keine Ahnung.« Dann sah ich zu den anderen rüber. Sie standen wie üblich an ihrem Stammplatz am Fenster und schienen mich überhaupt nicht zu vermissen. Plötzlich kam mir ihr Kreis wieder undurchdringlich vor, sie hatten mich zweimal zu Partys mitgenommen, aber das war's dann wohl auch gewesen.

Nico gab Amelie einen Stoß in die Rippen. »Reg dich nicht auf, Kira gehört zu uns, das ist doch klar.«

Ich lächelte, aber ich konnte mich nicht richtig freuen.

Am nächsten Tag waren Esther und die anderen aus der Party-Clique immer noch total distanziert zu mir. Nachdem ich mich durch die ersten Schulstunden gequält hatte, hielt ich es nicht mehr länger aus. Ich musste irgendwas unternehmen.

In der Pause passte ich Jannis ab, der heute Tafeldienst hatte. Ich wartete, bis die anderen das Klassenzimmer verlassen hatten, dann sagte ich zu ihm: »Äh ... Kann ich dich mal was fragen?«

»Klar«, sagte Jannis, während er den Schwamm im Waschbecken auswusch.

»Ist was los, das ich nicht mitbekommen habe?«, fragte ich. »Habt ihr vielleicht irgendwas gegen mich?«

Jannis drehte sich um. Wasser tropfte vom Schwamm auf den Boden, aber er merkte es nicht mal. »Was? Wovon redest du?«

»Davon, dass ihr seit gestern einen Riesenbogen um mich macht«, sagte ich. »Ich kann ja verstehen, wenn ihr doch lieber unter euch sein wollt, aber es wär gut, wenn ihr es mir einfach sagen würdet.«

Jannis pfefferte den Schwamm in die Plastikschale und kam lächelnd auf mich zu. »Nein, nein, nein! Wir wollen nicht unter uns sein, wir mögen dich alle total gern, wirklich!«

Ich verschränkte die Arme vor der Brust. »Und warum redet ihr dann plötzlich nicht mehr mit mir?«

»Sorry, Kira! Das war keine Absicht. Wir sind nur alle noch total durch den Wind nach der Party. Wir sind einfach groggy, das ist alles.«

»Das ist alles?« Ich konnte es nicht glauben, aber Jannis' Augen waren offen und ehrlich. Er log mich nicht an. Langsam merkte ich, wie meine Schutzmauer, die ich mir aufgebaut hatte, bröckelte.

Jannis lächelte noch breiter. »Meinst du, du kannst uns noch mal verzeihen?«

Ich musste schlucken. »Klar.«

Jannis sah mir tief in die Augen. In meinem Bauch kribbelte es wieder, auch ohne Jägermeister.

»Das heißt, du würdest wieder mitkommen, wenn wir uns das nächste Mal treffen?«, sagte Jannis.

»Natürlich!«, sagte ich. »Habt ihr schon was Bestimmtes vor?«

Jannis nickte. »Ja, heute wollen wir die neue Kaffeebar ausprobieren, am Schillerplatz. So gegen vier?«

»Ich bin da!«, sagte ich und griff nach dem triefenden Schwamm. »Und jetzt helf ich dir beim Tafeldienst, sonst stehst du wegen mir heute Mittag immer noch da!«

Die Kaffeebar roch noch ganz neu, nach frischer Farbe an den Wänden und Lederpolstern. Jannis, der als Erster gekommen war, hatte die schönste Sitzecke für uns ergattert, ganz hinten an der orangefarben gestrichenen Wand. Ich machte es mir mit einem Kissen bequem und schlürfte den Schaum von meiner Latte Macchiato.

»Das wär ja beinahe schiefgegangen«, sagte Jannis. »Wenn wir weiter so schofelig zu Kira gewesen wären, hätte sie uns garantiert abgeschrieben.«

»Quatsch!«, sagte ich. »Ich fand es nur irgendwie merkwürdig, wie ihr …«

Sofie lächelte. »Ja, wir sind auch ziemlich merkwürdig.«

»Durchgeknallt«, sagte Esther.

»Schräg drauf«, sagte Kathrin.

»Und wir können fliegen!«, rief Leon und breitete die Arme aus.

Ich sah irritiert von einem zum anderen. Drehten die jetzt wirklich durch, oder nahmen sie mich bloß auf den Arm?

Leon spielte immer noch Superman und verdrehte dabei die Augen. So kannte ich ihn gar nicht. Was war bloß mit ihm passiert seit der Nacht im Club? Was hatte er dort erzählt? Er hätte einen Freund getroffen und sei danach auf dem Klo gewesen .... Moment mal! Esther, Sofie und Kathrin waren auch auf dem Klo gewesen, und danach hatten sie ohne Ende gekichert. Wieder sah ich von einem zum anderen, und plötzlich fiel es mir wie Schuppen von den Augen.

»Sagt bloß«, flüsterte ich, »ihr habt Drogen genommen?«

Insgeheim erwartete ich, dass alle sofort empört protestieren würden, doch das taten sie nicht. Esther, Kathrin, Sofie und Leon nickten und grinsten.

Nur Jannis schüttelte den Kopf. »Ich hab nichts genommen!«

»Aber nur, weil du dich immer noch nicht entscheiden kannst«, sagte Sofie.

Ich sank im Sofa zurück, war erst mal platt. Alle bis auf Jannis hatten Drogen genommen, und ich hatte nichts davon gemerkt!

»Was ist?«, fragte Esther. »Bist du jetzt geschockt?«

»Ja, schon ein bisschen ...«, sagte ich zögernd. »Ich wusste ja nichts davon. Ich meine, ich hab selber, bis auf einmal kiffen, keine ...«

»... keine Erfahrung?«, fragte Kathrin.

Ich nickte.

Da lachte Kathrin. »Kein Problem! Das heißt, wir haben kein Problem damit. Wenn du jetzt ein Problem mit uns hast, ist das natürlich was anderes.«

Schnell wehrte ich ab. »Nein, überhaupt nicht. Das kam nur alles so plötzlich und …«

Vor meinem inneren Auge flimmerte noch mal der Abend wie ein Film im Schnelldurchlauf vorbei: diese Wahnsinnsgefühle, die Freude, die Wärme, die die anderen ausgestrahlt hatten. Und dass sie überhaupt nicht müde wurden beim Tanzen. Plötzlich kam ich mir total naiv vor, als hätte ich noch nie was von Drogen gehört. Dabei hätte ich mir doch denken können, dass an dem Gerücht, das an der Schule rumging, was dran war.

»Kann ich euch fragen, was ihr …«, fing ich an, »… äh, was ihr genommen habt? Ist es Ecstasy?«

»Volltreffer«, sagte Sofie.

Ecstasy! Bisher war das für mich immer nur ein trockenes Wort gewesen, aus dem Lexikon und aus dem Unterricht in der Schule, ein Wort, das ich zwar kannte, aber nur rein theoretisch.

Nach dem ersten Schock spürte ich, wie plötzlich Neugier in mir kribbelte. »Erzählt doch mal! Wie ist Ecstasy denn so?«

Leon verschränkte die Arme hinter dem Kopf und seufzte. »Ich würde sagen, pures Glück, ein Glücksrausch, der dich mitreißt. Du hörst und riechst und siehst und spürst – alles auf einmal und gleichzeitig.«

Sofie zwinkerte mir zu. »Der totale Flow, alles fließt, dein Herz geht auf. Du liebst dich selbst, und du liebst die anderen, weil du spürst, dass wir alle miteinander verbunden sind.« Jetzt, im Nachhinein, ergaben ihre Worte von damals natürlich noch viel mehr einen Sinn.

»Ich möchte auf E immer die Leute umarmen«, erzählte Esther, »sie berühren. Das genieße ich total, es ist viel intensiver als sonst.«

Sofort fiel mir wieder ihre Umarmung ein.

»Reden ist plötzlich kein Problem«, sagte Leon. »Du kommst ganz easy mit den Leuten ins Gespräch, machst dir keinen Kopf darüber, wie du was rüberbringen sollst. Du weißt einfach, dass dich der andere versteht.«

Leon, der große Schweiger, der plötzlich ganz schön in Fahrt kam …

Kathrin bekam einen sehnsüchtigen Blick. »Es ist, als ob ich zu Hause ankomme. Da, wo ich wirklich hingehöre. Alles ist so vertraut und gut und richtig.«

Ich sah sie alle wieder auf der Tanzfläche vor mir, die perfekte »Choreografie«. »Und wie ist es beim Tanzen?«, fragte ich.

»Geil!«, rief Leon. »Du tanzt ab, bis deine Seele fliegt. Je länger du tanzt, umso geiler wird es.«

Das klang alles fast zu schön, aber ich hatte es ja selbst erlebt: Sie waren wirklich glücklich gewesen, und sie hatten mich an ihrem Glück teilhaben lassen. Trotzdem nagte etwas in meinem Unterbewusstsein.

»Und wie ist es danach?«, fragte ich und ahnte bereits die Antwort.

»Wenn du runterkommst, ist es nicht so toll«, gab Sofie zu. »Ich fühl mich immer ziemlich schlapp, auch in den nächsten zwei Tagen noch.«

»Ich auch«, sagte Esther. »Auf den Ecstasy-Kater könnte ich gut verzichten, aber das ist es trotzdem wert.«

Plötzlich fielen mir wieder die Worte unseres Klassenlehrers ein, der uns damals erzählt hatte, wie gefährlich Ecstasy sei.

»Aber du weißt doch nie genau, was drin ist in den Pillen, oder?«, fragte ich. »Die können alles Mögliche reintun.«

»Im Prinzip schon«, sagte Kathrin. »Aber uns ist bis jetzt nie was Schlimmes passiert. Ecstasy ist harmloser, als du denkst.«

Ich verzog das Gesicht. »Hmm, weiß nicht ...«

Amelie hätte jetzt garantiert vehement widersprochen. Ich eigentlich auch, aber irgendetwas hielt mich davor zurück, obwohl ich mir beim besten Willen nicht vorstellen konnte, selbst Ecstasy zu nehmen.

Da sagte Jannis: »Lass dich nicht verrückt machen, Kira. Ich finde, jeder muss selber wissen, was er tut. Ich hab's bis jetzt ja auch nicht ausprobiert.«

»Stimmt«, sagte ich und musste daran denken, dass Jannis genauso offen und nett zu mir gewesen war wie die anderen, von Anfang an. Nein, eigentlich war er sogar noch ein bisschen netter gewesen – ohne Ecstasy!

Kathrin sah mich wieder forschend an. »Wenn du doch ein Problem mit uns hast, sag es am besten gleich.«

Ich schüttelte den Kopf. »Nein!«

Noch nie war ich mir so sicher gewesen. Was spielte es für eine Rolle, dass die anderen Ecstasy nahmen und ich nicht? Ich wollte mit ihnen zusammen sein, mit ihnen Spaß haben, das war das Einzige, das zählte.

»Gut«, sagte Kathrin.

Ich warf einen Blick in die Runde, und alle lächelten mir zu. Jannis lächelte so süß wie noch nie und suchte meine Augen.

»Sagt mal«, fragte ich und sah schnell in eine andere Richtung, »wann steigt denn eigentlich die nächste Party?«

7. Kapitel

Kiras Freundin Amelie

Die Party-Clique fand jeder in unserer Klasse toll. Jeder hat wahrscheinlich mal davon geträumt, auf Esthers Partys eingeladen zu werden und irgendwie dazuzugehören. Ich auch. Aber für mich war es immer nur ein Traum. Im Grunde wusste ich, dass das eine andere Welt ist, eine Welt, in der ich mich auf Dauer nicht wohlfühlen würde. Als Kira zu Esthers Party eingeladen wurde, dachte ich, sie genießt es bestimmt und findet es spannend, wie ein Experiment oder einen Kurztrip ins Ausland. Danach wird sie feststellen, dass die Clique gar nicht so toll ist, wie alle immer behaupten. Und dann wird wieder alles so sein wie vorher zwischen uns. Lange hab ich mir eingeredet, dass es tatsächlich so ist. Obwohl ich gespürt hab, dass Kira sich von Nico und mir entfernt, Stück für Stück. Ich war ziemlich eifersüchtig, aber ich hätte es Kira gegenüber nie zugegeben. Ich dachte, früher oder später wird sie selber merken, dass sie nicht zu dieser Clique passt, sie wird merken, was sie an uns hat. Hat sie aber nicht! Ich hab viel zu lange gewartet und einfach zugesehen, wie sie sich verändert hat. Ich war sauer und zu stolz, um auf sie zuzugehen. Dabei hätte sie mich so gebraucht, gerade in der ersten Zeit, als sie noch nicht so tief drinsteckte in der Sucht …

»Was ist heute los mit dir, Kira?«, fragte Martin.

Ich drehte mich auf der Klavierbank zu ihm um und wartete auf eine seiner üblichen trockenen Klavierlehrer-Bemerkungen. Dass nach dem Wettbewerb vor dem Wettbewerb sei und ich bloß nicht glauben sollte, ich sei jetzt das große Klaviergenie und könnte das Üben komplett einstellen, denn dann würde meine Leistung sofort nachlassen, und ich wäre nicht mal mehr ein interessantes, vielversprechendes Talent, sondern nur noch ein bemitleidenswertes Talent ohne jede Zukunft.

Nichts dergleichen kam. Stattdessen grinste Martin mich an. »So hast du die Brahms-Romanze noch nie gespielt.«

»Wieso?«, fragte ich.

»Du hast zwar mehr Fehler gemacht als sonst, aber dafür hast du zum ersten Mal begriffen, was eigentlich in dem Stück steckt«, sagte er.

Ich nickte. »Kann sein. Ich hab weniger Pedal genommen und mir Zeit gelassen bei den Achteln. Ist es das?«

Martin schüttelte den Kopf. »Nein, ich meine ganz was anderes: Du hast die schlichte Melodie mit Leben gefüllt: mit Liebe. Das ist es nämlich, was drinsteckt in dem Stück: der kurze Moment, wenn man zum ersten Mal spürt, dass man verliebt ist. Wenn das Gefühl noch ganz zart ist, wenn es leise an die Tür des Herzens pocht und fragt: ›Entschuldigung, ist hier noch frei? Darf ich mich setzen?‹«

Ich wurde knallrot.

»Bist du etwa verliebt, Kira?«, fragte Martin und grinste jetzt richtig unverschämt.

»Ich glaube nicht, dass diese Frage irgendetwas mit Brahms zu tun hat«, antwortete ich und versuchte, meine

Gesichtsfarbe so schnell wie möglich wieder unter Kontrolle zu bekommen, was mir auch einigermaßen gelang.

Martin lachte. »Da hast du recht. Okay, machen wir weiter. Spiel noch mal die Stelle, wo die Achtel anfangen.«

Ruhig legte ich die Hände auf die Tasten und fing wieder an. Mein Herz ließ sich nicht so schnell beruhigen, es raste mindestens doppelt so schnell wie die Achtel dahin. Dabei schwirrte Martins Frage in meinem Kopf herum: Bist du etwa verliebt, Kira? Bist du verliebt? Verliebt?

Wenn mich gestern jemand danach gefragt hätte, hätte ich bloß lachend den Kopf geschüttelt und alles abgestritten. Aber jetzt ... Ja, es stimmte, ich war verliebt, und wie! Ich konnte an nichts anderes mehr denken als an Jannis. Jannis' Augen, seinen Mund mit den vollen Lippen, seine großen, weichen Hände, sein Lachen, seine warme Stimme, seine lässigen Bewegungen auf der Tanzfläche ... Morgen würde ich endlich wieder mit ihm tanzen. Morgen war die nächste Party. Morgen!

»So, Kira«, sagte Martin und hatte plötzlich wieder einen strengen Zug um den Mund. »Und jetzt lässt du die Gefühle mal ganz beiseite, sonst ist am Ende gar keine richtige Note mehr dabei.«

Und wieder standen wir in der Schlange vor dem Club: Sofie, Esther, Kathrin, Leon, Jannis und ich. Wir sechs, als wären immer sechs Leute in der Party-Clique gewesen und nicht nur fünf. Die Streberin Kira hatte ich endgültig in der

Versenkung verschwinden lassen. Jetzt gab es nur noch die coole Kira.

Diesmal hatte ich zu Hause nicht einmal lügen müssen. Meine Eltern hatten Hochzeitstag, und den feierten sie jedes Jahr mit einem Wochenende in einem Romantikhotel. Auch dieses Mal hatten sie zum Glück die langweilige Spießertradition fortgesetzt. Und Jessie hatte spontan beschlossen, sich doch nicht pausenlos um ihre kleine, minderjährige Schwester zu kümmern, sondern lieber eine Nacht bei Heiko zu verbringen. Sie hatte mich vorher sogar noch gefragt, ob es okay für mich sei, und natürlich hatte ich dem jungen Familienglück nicht im Wege gestanden.

»Na, willst du dich wieder an meiner starken Brust anlehnen?«, fragte Leon.

Ich wollte gerade Ja sagen, als Jannis sich einmischte. »Nichts da, Kollege, heute bin ich dran.«

Verdutzt ließ Leon seinen Arm wieder sinken. »Okay, wenn du es sagst ...«

Dann kam Jannis zu mir und nahm meine Hand fest in seine. Drückte sie zwei-, dreimal ganz fest. Mir wurde schwindelig.

»Oder hast du was dagegen?«, fragte er.

Ich schüttelte den Kopf. »Nein, hab ich nicht.«

Hinter uns kicherten Esther, Sofie und Kathrin, aber sie kicherten schon die ganze Zeit, seit sie vorher wieder gemeinsam im Klo verschwunden waren. Leon verzog sich zu ihnen nach hinten.

Langsam rückten Jannis und ich vor. Die Schlange bewegte sich nur schleppend. Jannis behielt meine Hand in seiner, und ich ertappte mich dabei, dass ich mir wünschte, wir würden die ganze Nacht hier draußen stehen. Mussten wir natürlich nicht. Auf einmal ging es ziemlich schnell vorwärts, und dann standen wir auch schon vor dem Türsteher. Es war derselbe Typ wie letzte Woche.

»Hi«, begrüßte er uns. »Na, wollt ihr auch wieder abtanzen?« Wir nickten, und er winkte uns durch.

Geschafft! Lachend passierten wir den Eingang. Ich war wieder drin – mittendrin, in den hämmernden Beats, den Laserspielen an der Wand, den coolen Leuten. Aber diesmal mit Jannis. Leider ließ er jetzt doch meine Hand los, aber er blieb dicht bei mir, während wir uns einen Weg zur Bar bahnten.

»Was willst du trinken?«, brüllte er mir ins Ohr.

»Ein Pils!«, brüllte ich zurück.

Er nickte und bestellte zwei Pils für uns. Als er mit den Flaschen zurückkam, deutete er zur Chill-out-Area, die jetzt noch ziemlich leer war, weil die meisten sich erst beim Tanzen austoben wollten. Wir ließen uns auf ein knautschiges Sofa fallen.

Jannis prostete mir zu. »Auf dich!«

Unsere Flaschen klirrten aneinander, und unsere Finger berührten sich. Die Berührung war wie ein Stromschlag, der sich in meinem ganzen Körper ausbreitete.

Jannis setzte seine Flasche ab und sah mich an. Lange. So lange, dass ich schließlich seinem Blick auswich, weil ich es nicht mehr aushielt.

»Du hast wunderschöne Augen!«, sagte Jannis.

Der Satz kam genau in der Sekunde zwischen zwei Beats. Womm!

»Und dein Mund …« Jannis streckte die Hand aus und strich ganz sanft mit dem Finger die Konturen meiner Lippen nach, als wollte er sie zeichnen. Womm! Womm!

Ich merkte, dass meine Lippen anfingen zu zittern. Gleichzeitig schien alles zu zittern: meine Knie, meine Beine und meine Hände, mit denen ich mich krampfhaft an der Flasche festhielt. Da nahm Jannis mir die Flasche ab und stellte sie auf den Boden. Dann nahm er mein Gesicht in seine Hände, zart, als wäre es zerbrechlich.

Womm, womm, womm!

Ich machte die Augen zu, spürte Jannis' leichten Atem auf meiner Wange, spürte seinen Mund ganz sanft auf meinem Mund, dann nicht mehr so sanft, hungrig. Und ich war plötzlich auch hungrig, so hungrig nach seinen weichen Lippen, seiner Zunge, seinen Zähnen. Konnte nicht mehr aufhören, ihn zu küssen. Die Beats heizten uns an. Schneller, schneller, immer schneller …

»Hey, was macht ihr denn hier?«, rief Sofie.

Schnell löste ich meine Lippen von Jannis' Lippen und fühlte mich ertappt wie ein kleines Schulmädchen, das zum ersten Mal unter der Bank mit dem Handy spielt.

»Siehst du doch!«, sagte Jannis.

Sofie grinste. »Wollt ihr nicht tanzen?«

»Später!«, sagte ich.

Sofie grinste noch breiter. »Versprochen, okay?« Dann verschwand sie wieder.

Jannis sah mich an. Lange. Und ich hielt es aus, versank in seinen Augen. Bis ich wieder hungrig wurde und ihn küssen musste. Und er mich küssen musste. Und ich ihn küssen musste.

Irgendwann, als meine Lippen schon ganz heiß waren, kuschelte ich mich an ihn, und er legte den Arm um mich. Wir waren wie eine ruhige Insel auf unserem Sofa. Um uns herum tobte der Sturm, und die Wellen der Party klatschten an unseren Strand.

Inzwischen war die Tanzfläche rappelvoll und Sofie, Esther, Kathrin und Leon mittendrin. Sie ließen ihre Körper das tun, was sie tun wollten. Zuckten mit den Armen und Beinen, dem Kopf, auf und ab, hin und her. Entluden die Beats mit ihren Füßen auf dem Boden, gaben sie weiter an die anderen Tanzenden. Lachten, strahlten. Strömten Energie aus, pure Energie, und so viel Glück. Noch mehr Glück, als ich es in mir spürte, obwohl das ja eigentlich gar nicht ging.

Ich streichelte Jannis' Arm. »Hast du wirklich noch nie Ecstasy ausprobiert?«

Jannis schüttelte den Kopf. »Du bist mein Ecstasy!«, sagte er und sah mich voller Zärtlichkeit an.

Dafür musste ich ihm schnell einen Kuss geben. Dann beobachtete ich wieder die anderen beim Tanzen. Und plötzlich kribbelte es in meinen Beinen. Und plötzlich wollte ich es auch, Glück, noch mehr Glück, das Wahnsinnsglück.

»Wollen wir zusammen eine Tablette nehmen?«, fragte ich Jannis.

Er rückte ein Stück von mir ab und starrte mich an. »Das meinst du jetzt nicht ernst, oder?«

»Doch«, sagte ich.

Jannis schwieg.

»Was hast du?«, fragte ich.

Jannis schwieg immer noch.

»Ich bin mir ganz sicher«, sagte ich. »Ich will es ausprobieren, zusammen mit dir.«

Endlich rückte Jannis wieder näher. »Okay, dann lass es uns tun.«

Womm! Womm! Womm! Erst beim dritten Beat wurde mir klar, was das bedeutete.

»Echt?«, fragte ich.

Jannis nickte und lächelte. Dann griff er nach meiner Hand und zog mich vom Sofa hoch. Ich angelte noch nach meiner Bierflasche, folgte ihm, halb schwankend, halb stolpernd. Jannis führte mich in den schmalen Gang zu den Toiletten. Kurz davor blieb er stehen und kramte in seiner Hosentasche. Dann streckte er mir seine Hand hin. Auf dem Handteller lag eine kleine weiße Pille mit einem Smiley als Aufdruck.

Hektisch drehte ich mich um, aber der Gang war zum Glück leer.

»Wo hast du die her?«, zischte ich.

»Die hab ich schon lange«, sagte Jannis. »Trag sie dauernd mit mir rum. Ich hab immer auf den richtigen Moment gewartet, und ich glaub, jetzt ist er da.«

Meine Knie gaben nach, fingen wieder an zu zittern, noch viel heftiger als vorher. Er hatte auf mich gewartet, so lange, bis sich unsere Lebenswege gekreuzt hatten. Und ich hatte auch gewartet, auf ihn!

Jannis brach die Pille in der Mitte auseinander und reichte mir die Hälfte.

Ich nahm sie. Sie war so leicht, sah so unscheinbar aus und harmlos. Und darin sollte also das Glück stecken?

»Darf ich?«, fragte Jannis.

Ich gab ihm die Bierflasche, und er spülte seine Pille mit einem tiefen Schluck hinunter. Plötzlich spürte ich, wie meine Kehle eng wurde. Sollte ich? Sollte ich wirklich? Vorher war ich mir ganz sicher gewesen, aber jetzt ging alles plötzlich so schnell.

Aber Jannis lächelte mich so süß an, da gab ich mir einen Ruck. Ohne noch mal einen Blick drauf zu werfen, legte ich die Pille auf die Zunge, schmeckte etwas Bitteres, schluckte und spülte schnell mit Bier nach.

Ich hatte es getan.

Wir hatten es getan.

Wir sahen uns an wie Verschwörer.

Mein Herz klopfte schneller. Ich legte Jannis die Hand auf die Brust. Sein Herz klopfte auch wie verrückt. Dabei war es noch gar nicht losgegangen. Die Wirkung kam bestimmt erst später, in einer halben Stunde vielleicht.

»Komm«, sagte Jannis. »Lass uns wieder reingehen.«

Ich griff nach seiner Hand. Wir gingen auf die Tanzfläche, boxten uns bis zu Esther, Sofie, Kathrin und Leon durch.

»Da seid ihr ja endlich!«, rief Sofie.

»Na, genug geknutscht?«, fragte Kathrin, und Leon grinste dazu.

Die Neuigkeit hatte sich ja schnell herumgesprochen. Ich nickte nur und lachte. Dann ließ ich Jannis' Hand los und fing an zu tanzen, vor ihm, mit ihm. Unsere Körper berührten sich, trafen sich und trennten sich wieder, aber nur kurz. Ich wartete darauf, dass die Wirkung eintrat, doch alles war wie immer.

Jannis beugte sich zu mir vor und rief in mein Ohr hinein: »Spürst du schon was?«

»Nein!«, rief ich zurück.

Wir tanzten weiter, mal zu zweit, mal in der Gruppe zu sechst. Wieder spürte ich das Band zwischen uns. Kathrin, Esther und Sofie strahlten mich an, ihre Augen wanderten schnell hin und her zwischen Jannis, Leon und mir. Leon tobte sich richtig aus, sein Körper schien sich in eine Schlange verwandelt zu haben, biegsam und geschmeidig. Ich musste lachen. Und während ich noch lachte, ging es plötzlich los.

Beine ich spür euch hallo endlich richtig was wollt ihr von mir ihr wollt tanzen tanzen noch mehr okay alles klar schneller ich lass jetzt los lass euch laufen schneller Arme hallo ihr seid auch da ich spür euch seh euch hör euch so schön seid ihr frei und so leicht ihr gehört mir wisst genau was euch guttut mir tut es gut fühl mich so warm alles ist warm ach hätte nie gedacht dass mir die Musik gefällt jetzt versteh ich dich erst Musik du mein Teppich ich leg mich auf dich schwebe auf dir meine Musik wunderschön hab sie erfunden erfinde sie jetzt bin Musik Takt meines Herzens erzähl mir doch mehr Takt meiner Arme ihr seid die Achtel Takt meiner Beine Synkopen mein Atem dazu tief in mir wie es strömt womm womm aus ein aus ein aus ein hallo Töne ich kann euch sehen rot gelb grün mein Regenbogen komm lass uns spielen ich geb dir die Töne ich geb dir die Farben und Düfte wir spielen zusammen alle zusammen sieh wer da ist Jannis mein Süßer du hier ich bei dir seh dich an seh in dein Herz es leuchtet so warm du leuchtest Jannis mein Regenbogen Takt meiner Seele du bist mein Lachen mein Glück tanz mit mir komm auf den Teppich wir fliegen reich mir die Hand das gibt's einfach nicht so zart deine Haut wunderbar zart Haut Gänsehaut spür dich erst jetzt so weich jedes Stück deiner Haut flimmert und klingt meine Ohren ich komm zu dir Jannis lass dich los Jannis komm zurück da ist ja Sofie so schön dich zu sehen weiß wer du bist unser Flow extra für uns wir reiten darauf ein Klang eine Seele ein Takt ein Beat unser Beat spür deine Wärme endlich zu Hause wir alle zu Hause Kathrin du auch Freundin ich weiß wie's dir geht du weißt was ich fühle Leon hallo du bist schön dein Körper so schön passt zu dir alles klar Esther ich spür deinen Blick komm her lass uns schweben kommt alle her Janniskathrinleonsofieesteherkira wir alle sind eins es geht weiter wir alle zusammen Freunde für immer nichts kann uns trennen füreinander bestimmt danke bin so froh dass es euch gibt ihr da seid für mich ich da bin für euch liebe euch alle lass dich umarmen Sofie ja Esther dich auch hallo Kathrin und Leon mein Freund liebe euch so und dich Jannis noch mehr ja du mein Glück Takt meines Herzens tanz mit mir weiter Jannis hör noch nicht auf unsere Nacht fängt erst an jede Sekunde wir schöpfen sie aus Wärme und Licht Klang unsrer Körper alles ist eins die Welt du und ich unsere Zeit wir haben sie jetzt.

8. Kapitel

Kiras Freundin Kathrin

Wenn es nach mir gegangen wäre, hätte unsere Clique auch so bleiben können, wie sie war. Wir fünf waren ein tolles Team. Dann kam eines Tages Sofie an und hat von Kira geschwärmt. Wie toll sie gespielt hat bei diesem Musikwettbewerb und dass sie, Sofie, total überrascht war, weil sie bisher immer nur die Streberin in Kira gesehen hatte. Ich auch. Ehrlich gesagt hab ich nicht eingesehen, warum Kira zu uns kommen sollte, sie hatte doch schon ihre eigene Clique. Leon war auch nicht besonders begeistert, aber die anderen fanden es alle okay, also waren wir beide überstimmt. Bei Esthers Party hat sich dann genau das bestätigt, was ich befürchtet hatte: Kira war total verkrampft. Streber eignen sich eben nicht dazu, Party zu machen. Ich hatte schon gehofft, sie würde sich von allein zurückziehen, aber das tat sie nicht, im Gegenteil: Sie wollte unbedingt dazugehören. Und Sofie und Jannis haben sie von Anfang an verteidigt. Jannis war ja gleich ganz verrückt nach ihr. Mit der Zeit fand ich sie dann aber echt nett, und sie wurde auch viel lockerer. Trotzdem hätte ich nie im Leben gedacht, dass sie sich traut, Ecstasy zu nehmen. Irgendwann konnte sie gar nicht mehr genug davon bekommen. Bis dann die Sache mit Jannis passiert ist …

Hausaufgaben waren eigentlich nie ein Problem für mich, aber noch nie fielen sie mir derart leicht wie heute. Ich kam mir vor wie Mozart, dem beim Komponieren tausend Ideen gleichzeitig zuflogen, sodass er Mühe hatte, sie alle so schnell, wie sie in seinen Kopf hineinflatterten, aufzuschreiben. Während ich in einem rasenden Tempo den Französisch-Aufsatz erledigte, wanderten meine Augen immer wieder zu Jannis hinüber. Schade, dass er jetzt nicht hier war! Aber wenigstens hatte ich ein Foto von ihm. Vorgestern im Club hatte ich es mit dem Handy aufgenommen und auf meinem Computer ausgedruckt. Es war ein bisschen verwackelt und unscharf, aber ich hatte einen wunderbaren Moment getroffen und das unglaubliche Strahlen seiner Augen eingefangen.

Jannis, mein Süßer. Ich liebe dich!

Noch drei Sätze, die den Aufsatz abrundeten …

Dass ich gar nicht müde war, komisch! Keine Spur von Ecstasy-Kater, nur gestern ein wohliges Gefühl der Erschöpfung, wie nach einer langen Radtour.

So, fertig! Ich las den Aufsatz noch mal durch. Er war richtig rund geworden, perfekt. Ich hatte meine These von allen Aspekten her beleuchtet und am Schluss einen Bogen zum Anfang geschlagen.

Plötzlich stand Jessie in meinem Zimmer, mit einem Schnellhefter in ihrer Hand. »Du, was ich dich noch mal fragen wollte …«

»Kannst du nicht anklopfen?«, beschwerte ich mich, während ich versuchte, Jannis' Foto unter einem Stapel Bücher zu verstecken. Leider nicht schnell genug für meine neugierige Schwester.

»Zeig doch mal!«, sagte sie und griff nach dem Foto. »Wer ist das denn? Den kenn ich ja noch gar nicht.«

»Jannis«, murmelte ich.

»Jannis«, wiederholte Jessie. »Sieht gut aus. Ist das dein Freund?«

»Geht dich gar nichts an«, antwortete ich.

Jessie grinste. »Alles klar, du bist mit ihm zusammen.«

Ich wollte ihr das Foto wegnehmen, aber sie hielt es fest. »Sieht wirklich gut aus, nur mit seinen Augen stimmt irgendwas nicht, die flackern so komisch.«

Endlich gelang es mir, ihr das Foto zu entreißen. Ich schob es unter den Bücherstapel. »Was willst du eigentlich?«

Jessie seufzte und legte ihren Schnellhefter auf meinen Schreibtisch. »Ich werde noch verrückt mit diesem englischen Essay. Angeblich schreibt der Typ etwas wahnsinnig Spannendes von den neuesten Erziehungsmodellen in Amerika, aber er drückt es so kompliziert aus, dass ich nur Bahnhof verstehe.«

Vielleicht hätte meine Schwester besser nicht studieren und stattdessen eine Ausbildung machen sollen. Ich verkniff mir die Bemerkung und überflog die Stelle des Essays, die Jessie angestrichen hatte. Sie war tatsächlich ziemlich abstrakt formuliert, aber ich brauchte nicht lange, um sie zu entschlüsseln. In kurzen Sätzen erklärte ich Jessie, worum es ging.

Sie hörte zu und schüttelte den Kopf. »Ja, klar, so macht es Sinn! Das hätte er aber auch einfacher sagen können.«

»Stimmt«, räumte ich ein und gab ihr den Hefter zurück.

Jessie seufzte ein zweites Mal. Sie sah immer noch nicht glücklich aus. Erst jetzt merkte ich, dass sie Ringe unter den Augen hatte und ziemlich blass war.

»Ist sonst noch was?«, fragte ich.

Jessie schüttelte den Kopf, aber es wirkte nicht gerade überzeugend.

»Du hast doch was«, bohrte ich nach.

Da ließ sie sich auf mein Bett fallen und stützte ihren Kopf auf die Hände. »Es ist wegen Heiko.«

Oje, das klang gar nicht gut.

»Was ist mit Heiko?«, fragte ich.

Endlich redete sie: »Wir haben uns gestritten. Er würde am liebsten gleich heute mit mir zusammenziehen, und heiraten will er auch sofort, noch bevor das Baby da ist. Ich weiß ja, dass er mich liebt, und ich liebe ihn auch, aber irgendwie geht mir das alles viel zu schnell.«

»Kann ich gut verstehen«, sagte ich. »Ich würde mich auch nicht gern mit dickem Bauch in ein Hochzeitskleid zwängen und auf den Fotos wie ein Gummiball aussehen. Im Ernst: Lass dich bloß nicht in was reindrängen, was du nicht willst.«

Jessie seufzte zum dritten Mal. »Meinst du?«

»Ja, genau das mein ich«, sagte ich und strich ihr über den Kopf.

Auf einmal kam sie mir klein und zerbrechlich vor, als ob ich die große Schwester wäre und nicht sie.

»Lass dich nicht überrumpeln!«, sagte ich. »Bleib unabhängig. Es ist dein Kind, und keiner zwingt dich dazu, Heiko gleich zu heiraten, nur weil er der Vater ist. Vielleicht ist er ja doch nicht der Richtige für dich ...«

Plötzlich sprang Jessie auf. »Ich Idiot! Warum hab ich dich bloß gefragt? Ich weiß doch genau, dass du Heiko nicht ausstehen kannst.«

Und bevor ich protestieren konnte, rauschte sie wütend aus dem Zimmer. Na, toll! Seit Jessie schwanger war, hatte sie ihre Launen noch weniger im Griff. Aber davon ließ ich mir meine gute Laune garantiert nicht verderben.

Ich klappte mein Französischheft zu und schlug das Chemiebuch auf. Heute sollten wir uns die Übersicht der Kohlehydrate ansehen und die Summenformeln lernen. Während ich die Formeln im Kurzzeitgedächtnis speicherte, wanderten meine Gedanken bereits weiter: Die chemischen Formeln der Kohlehydrate wusste ich jetzt, aber was steckte eigentlich genau in Ecstasy drin? Ich ging ins Internet und fand einen der Grundstoffe: MDMA. Als Info stand dabei: »Neben der gefühlserzeugenden und -verstärkenden (entaktogenen) Hauptwirkung hat es deutlich antriebssteigernde, tanztreibende Eigenschaften sowie eine empathische Wirkung.«

Wie trocken sich das anhörte! In der Realität war es tausendmal intensiver und viel, viel schöner ...

Plötzlich klopfte es. Schnell schloss ich die Seite.

»Kann ich reinkommen?«, fragte mein Vater.

»Klar«, sagte ich.

»Na, wie geht's, meine Kleine? Bist du fleißig?« Er wartete meine Antwort gar nicht ab, sondern redete gleich weiter: »Was hältst du davon, wenn wir nächsten Samstag mal wieder was zusammen unternehmen, die ganze Familie? Ab morgen soll das Wetter richtig schön werden. Wir könnten wandern gehen, in den Bergen.«

Einen ganzen Tag mit meinen Eltern und Jessie in den Bergen? Schon als Kind hatten mich solche Wanderungen gelangweilt, aber inzwischen fand ich sie richtig ätzend, weil meine Mutter mich bei diesen Gelegenheiten dauernd mit Fragen löcherte: ›Wie geht es dir eigentlich, Kira? Du erzählst so wenig von dir. Was machst du so den ganzen Tag?‹ – ›Was ich mache? Ich versuche, dich aus meinem Gedächtnis zu verdrängen.‹

»Also, was hältst du davon?«, fragte mein Vater. »Bist du dabei?«

»Samstag?«, sagte ich und suchte fieberhaft nach einer Ausrede. Wir hatten zwar noch nichts ausgemacht, aber bestimmt würden wir wieder tanzen gehen. »Das ist schlecht. Ich muss lernen, wir schreiben am Montag eine Arbeit in Mathe.«

Mein Vater winkte ab. »In Mathe? Das ist doch dein Lieblingsfach, da bist du den anderen sowieso um Längen voraus.«

»Schon …«, sagte ich, »aber …«

»Kein Aber«, unterbrach er mich und klopfte mir auf die Schulter. »Du schaffst das, Kira, mit links. Ich freu mich auf Samstag. Und denk dran, deine Wanderschuhe aus dem Keller zu holen.«

Damit war er auch schon wieder weg. Typisch! Manchmal ignorierte er einfach, dass es neben seiner Meinung noch andere gab. Aber ich würde es schon irgendwie schaffen, mich vor dieser Wanderung zu drücken.

Ich würde es sowieso keinen ganzen Tag ohne Jannis aushalten.

Ich drückte einen dicken Kuss auf seinen Fotomund und

packte meine Bücher und Hefte in die Schultasche. Wenn mich Jessie und mein Vater nicht dauernd gestört hätten, hätte ich garantiert einen neuen Hausaufgaben-Rekord aufgestellt.

Als ich das Handy auch mit in die Tasche packen wollte hatte ich plötzlich eine Idee. Die musste ich unbedingt gleich Jannis simsen.

Liebster Jannis!
Ich sehne mich so nach dir! Nach dir und dem nächsten Wochenende. Wollen wir am Samstag mal alleine feiern, nur wir beide? Picknick im Park? Das Wetter soll super werden.
Tausend Küsse,
Kira

Ich schickte die SMS ab und wartete ungeduldig. Hoffentlich simste Jannis gleich zurück. Eine Minute später vibrierte mein Handy.

Liebste!
Picknick im Park ist perfekt. Nur wir beide. Hab übrigens noch was übrig, das wir uns teilen können. Hast du Lust?
:-X
Jannis

Ich wusste sofort, was er damit meinte. Und ich hatte nur eine Antwort darauf: Ja!

Da klopfte schon wieder jemand. Heute hatten sich anscheinend alle verabredet, mich zu stören. Die Einzige, die jetzt noch fehlte, war meine Mutter.

Und genau sie war es dann auch.

»Und?«, fragte ich. »Willst du mich auch zu dieser wunderbaren Wanderung überreden? Ich hab wirklich keine Lust dazu.«

Das aufgesetzte Lächeln meiner Mutter wurde schmaler. »Ich wollte dir nur erzählen, dass ich gerade Amelies Mutter getroffen habe, in der Stadt. Amelie war auch dabei. Sie hat nach dir gefragt und wollte wissen, wie es dir geht. Komisch, dachte ich, ihr seht euch doch dauernd. Habt ihr euch etwa gestritten?«

»Nein«, sagte ich.

»Wirklich nicht?« Meine Mutter musterte mich mit ihrem Röntgenblick.

Ich schüttelte den Kopf. »Wirklich nicht.«

Sie glaubte mir nicht, fragte aber nicht weiter. Stattdessen musterte sie mich noch einmal. »Du strahlst ja so! Bist du etwa verliebt?«

Die Frage kam so plötzlich, dass ich prompt rot wurde.

»Ach!«, rief sie. »Das ist ja süß.«

Süß! Es klang wie damals, als ich elf Jahre alt war und ihr verkündet hatte, dass ich mich in meinen Mathelehrer verknallt hatte.

»Entschuldige«, sagte sie schnell. »Ich wollte dir nicht … äh … zu nahe treten. Aber wenn du deinen Freund mal mitbringen willst, ich würde mich freuen.«

Das glaubte ich ihr aufs Wort. Heiko hätte sie ja auch am liebsten sofort adoptiert.

»Alles klar«, murmelte sie. »Dann geh ich mal.«

Trotzdem brauchte sie immer noch viel zu lange, bis sie endlich verschwunden war. Sie hatte es wieder mal geschafft, mir meine Laune zu vermiesen.

»Willst du nicht doch noch mitkommen?«, fragte mein Vater.

Er hatte seine Outdoorhose an, die ihm schon letztes Jahr zu eng gewesen war, und stand mit meiner Mutter, Jessie und Heiko startklar im Flur. Die beiden hatten sich schnell wieder versöhnt, nachdem Heiko meine Schwester mit einem fetten Strauß Rosen bestochen hatte.

Ich schüttelte den Kopf. »Nein, ich muss heute wirklich lernen …«

»Schade«, sagte er.

Meine Mutter zog an seinem Arm. »Jetzt komm endlich, wir sind eh schon spät dran. Sonst ist die Autobahn wieder so voll.«

Endlich gab er es auf. »Okay, dann bis heute Abend, Kira! Viel Erfolg beim Lernen.«

»Danke«, sagte ich.

Als meine Eltern und Heiko schon zur Haustür raus waren, drehte sich Jessie zu mir um und zwinkerte mir zu. »Viel Spaß beim Lernen – mit Jannis!«

Ich funkelte sie an. »Wenn du ein Wort sagst …«

»Keine Panik!«, versicherte sie. »Von mir erfahren sie nichts.«

Zumindest da konnte ich ihr vertrauen. Jessie hatte noch nie ein Geheimnis verraten. Ich machte die Haustür hinter ihr zu und lehnte mich dagegen. Von draußen hörte ich, wie mein Vater den Motor startete. Dann fuhr der Wagen brummend los, bog um die Ecke, das Brummen wurde leiser, bis ich nichts mehr hörte.

Endlich war ich alleine! Ich holte tief Luft, machte einen Luftsprung und kreischte völlig albern: »Jaaaa!«

Dann düste ich in die Küche und packte den Picknickkorb. Jetzt konnte der Samstag losgehen!

Mein Vater hatte mit seiner Wettervorhersage recht behalten: Draußen war strahlend blauer Himmel, und die Sonne strengte sich richtig an, um den Eindruck zu erwecken, es sei eigentlich noch Sommer, obwohl bereits die Hälfte der Blätter von den Bäumen verschwunden war.

Ich lud den Korb auf meinen Gepäckträger und radelte los. Aus einem Auto am Gehsteig, dessen Besitzer den Samstag zum Waschtag erklärt hatte, dudelte laut Musik: »You know, love makes the world go round.« Ich fuhr vorbei und nahm die Melodie mit, pfiff sie auf dem ganzen Weg zum Park.

Als ich zu unserem Treffpunkt kam, einer Bank im hinteren Teil des Parks, in den sich kaum Spaziergänger verirrten, war noch niemand da. Ich lehnte mein Rad gegen einen Baum und stellte den Picknickkorb auf den Boden. Dann setzte ich mich auf die Bank und blinzelte in die Sonne, die durch das spärliche Blätterdach drang. Wie die Blätter funkelten! Rot, gelb, orange. Als hätte sie jemand mit einem Leuchtmarker angemalt.

Plötzlich hörte ich hinter mir ein Rascheln. Ich wollte mich gerade umdrehen, da legten sich zwei kühle, große Hände auf meine Augen.

»Pssst! Wer bin ich?«, flüsterte eine zärtliche Stimme an meinem Ohr.

Ich kicherte. »Leon?«

»Was? Mit dem bist du auch verabredet?«, rief Jannis und nahm die Hände von meinen Augen.

»Klar«, sagte ich. »Er sieht so toll aus, da konnte ich nicht widerstehen.«

Jannis schwang sich auf meinen Schoß und erdrückte mich fast mit seinem Gewicht.

»Geh runter, du bist viel zu schwer!«, protestierte ich.

»Erst wenn du mir schwörst, dass du Leon sofort vergisst und nur noch mich liebst«, sagte Jannis.

Ich keuchte. »Ja, ich verspreche es.«

»Hoch und heilig?«, fragte Jannis.

»Hoch und heilig«, versicherte ich und besiegelte mein Versprechen mit einem Kuss. Danach schob ich Jannis von meinen Knien, die sich platt wie Pfannkuchen anfühlten.

»Das war knapp«, sagte er. »Beinahe hätte ich dich in einem Anfall von rasender Eifersucht umgebracht.«

»Wenn, dann hättest du dich auch gleich umbringen müssen. Ich sterbe nämlich nur zusammen mit dir.«

»Und ich sterbe vor Hunger«, sagte Jannis und lüftete das Tuch von meinem Picknickkorb. »Das riecht ja toll! Was hast du denn alles dabei?«

»Lauter leckere Sachen«, sagte ich und packte meine Schätze aus, die ich auf die Schnelle aus dem Kühlschrank geholt hatte: ein Glas Wiener Würstchen, drei Stück Pizza, Joghurts, Schokoladenkekse und zwei Flaschen Apfelschorle. »Aber ich will nicht sofort essen. Erzähl mir doch was von dir: Wie lebst du, wie sind deine Eltern so?«

Jannis verzog das Gesicht. »Da gibt's nicht viel zu erzählen. Mein Vater ist schon lange tot, ich lebe allein mit meiner Mutter, aber über die will ich jetzt nicht reden. Ich will nur mit dir reden und über deinen tollen Picknickkorb. Hast du gar keine harten Drinks dabei? Keine Drogen?«

»Ich dachte, dafür bist du zuständig«, sagte ich.

»Dachtest du?«, sagte Jannis. »Hmm ... Zufällig hab ich tatsächlich was dabei, das mir jemand zugesteckt hat. Ich weiß gar nicht, was das eigentlich ist. Kannst du mir vielleicht helfen?«

»Ich glaub schon«, sagte ich.

Jannis spürst du es auch wie warm mir ist Wärme sie durchströmt meine Füße die Beine höher hinauf meine Brust wird so weit mein Herz ist so warm mach auf jetzt die Tür es gibt keine Grenzen Haut wie sie strahlt ich strahle nach außen oben und unten vorne und hinten es gibt keine Grenzen überall Wärme jetzt ist sie im Kopf alles geht auf die Stirn meine Augen sind Fenster Fenster zu dir seh dich an Jannis seh dich ganz neu der Glanz deiner Augen sie schillern so schön blau tiefes Wasser und grün an den Ufern voll Glück deine Augen wie sie strahlen hinüber zu mir Strom deiner Augen fließen verschmelzen mit meinen nun sind wir eins Jannis mein Jannis liebe dich so kann nicht sagen wie sehr lass dich nicht los deine Augen zeig mir den Weg den Weg in dein Herz mitten hinein da bin ich da bist du so viel Platz hier bei dir für uns zwei so viel Licht und die Wärme du schenkst sie mir jetzt ich schenk sie dir jetzt geb einfach alles alles her reich dir die Hand komm ja ich komm deine Haut wie sie strahlt weiße Wolken so weich ich schwebe mit dir lass uns gehen Takt unsrer Füße berühren den Boden das Gras es pulsiert Töne sie fliegen hinauf in die Luft zu den Bäumen den Blättern sie freuen sich winken uns zu Jannis hallo hallo Kira hallo schön dass ihr da seid wir haben gewartet gewartet auf euch wir gehören zusammen nicht außen sind innen bei euch Blätter wir rauschen tief drin ja ich spür's Klang meines Herzens Duft meines Herzens verschmelze mit dir Jannis und siehst du die Sonne hörst du das Gelb wie es klingt viel schöner als Licht so stark und so klug weiß alles was war und was ist und was kommt Buch des Lebens ich lese darin rieche und schmecke den Duft grüne Wiese wir beide vereint unsre Seelen vertraut alte Freunde wir wandern erzähl mir von dir deine Reisen ins Ich hör dir zu verschlungene Pfade sie führen zu mir ich erzähl dir von mir meine Reise ins Ich hab dich immer gesucht so vermisst du mich auch muss nicht mehr suchen endlich am Ziel ruh mich aus hier bei dir hab dich gefunden für immer wir zwei.

9. Kapitel

Kiras Freundin Sofie

Viele entscheiden schon nach dem ersten Blick, ob sie jemanden mögen oder nicht. Mich interessiert, was beim zweiten Blick passiert. Kira war so eine Entdeckung auf den zweiten Blick, und ich bin heute noch froh, dass ich damals Esther überredet habe, sie zu ihrer Party einzuladen. Ich wusste irgendwie, dass Kira ein Teil meiner Welt ist, dass es kein Zufall war, dass ich sie damals gehört habe, obwohl ich eigentlich gar nicht zu dem Musikwettbewerb hingehen wollte. Es gibt keine Zufälle, alles hat seinen Sinn. Es klingt wahrscheinlich verrückt, aber ich bin fest davon überzeugt, dass Kira und ich uns aus einem früheren Leben her kennen. Sie war mir so vertraut, so nah, von Anfang an. Vielleicht waren wir ja früher mal Schwestern oder Freundinnen oder Mutter und Tochter. Irgendwas in der Art. Und vielleicht gibt es ein Karma, das wir damals verursacht haben, kann sein, dass Kira mich verletzt hat, kann sein, dass ich sie verletzt hab. Und dieses Karma müssen wir in unserer jetzigen Inkarnation wieder auflösen. Ich wollte immer, dass es Kira gut geht, dass sie glücklich ist. Ich wollte nicht, dass sie leidet, wirklich. Was hätte ich denn tun sollen? Wie hätte ich es verhindern können? Klar, ich hätte etwas tun können, wenigstens irgend-

was versuchen. Aber ich war oft selber so dicht, dass ich kaum noch was mitbekommen hab. Ich weiß ja nicht mal jetzt, wie es weitergehen soll. Ich würde schon gern aussteigen aus der Sucht, aber ich hab solche Angst, dass ich es nicht schaffe. Es hat keinen Sinn, wenn man sich gegen sein Karma wehrt … Ach, Kira!

»Los, kommt!«, rief ich und betrat die weiße, riesige Eingangshalle des Museums für Moderne Kunst. »An der linken Kasse steht gerade niemand.«

Nico stöhnte: »Musst du so hetzen?«

»Ich hetz doch gar nicht«, protestierte ich. »Ich kann's nur nicht mehr erwarten.«

»Ich bin auch schon total gespannt«, sagte Amelie.

Gemeinsam durchquerten wir die runde Halle, die sich nach oben öffnete und den Blick bis zum obersten Stockwerk freigab, das mit einer beeindruckenden Kuppel abschloss. Ich war schon eine Weile nicht mehr hier gewesen, aber als ich in der Zeitung von der Dan-Flavin-Ausstellung gelesen hatte, wusste ich sofort: Da muss ich hin!

Während die Frau an der Kasse unsere Eintrittskarten ausdruckte, sagte Amelie: »Toll, dass es geklappt hat. Ich hatte ja schon fast die Hoffnung aufgegeben, dass du mal wieder Zeit für uns hast.« Ihre Stimme klang locker, aber ich hörte die Enttäuschung heraus.

»Klar hab ich Zeit«, sagte ich schnell. »Für euch doch immer. Es war nur so viel los in den letzten Wochen.«

Nico nickte. »Wir haben es gerade noch verkraftet. Aber

wenn das so weitergeht, muss ich mal ein ernstes Wörtchen mit deinem Jannis reden.«

»Untersteh dich!«, rief ich.

Amelie lächelte leicht verkrampft, und ich biss mir auf die Lippen. Ich hatte schon länger ein schlechtes Gewissen, eigentlich seit der ersten Nacht im Club. Ab da hatte ich Amelie und Nico ziemlich vernachlässigt, aber es war wirklich so viel passiert, dass ich manchmal das Gefühl hatte, es wären inzwischen drei Jahre vergangen statt drei Wochen. Vorgestern hatte ich zum dritten Mal mit Jannis und den anderen gefeiert und wieder Ecstasy genommen. Es war genauso toll gewesen wie beim ersten Mal, nur im Park mit Jannis hatte ich ein noch intensiveres Gefühl gehabt, ohne Musik und die anderen Ablenkungen.

Da riss Amelie mich aus meinen Gedanken. »Ich glaube, die Ausstellung ist oben im ersten Stock.«

»Ja, du hast recht«, sagte ich.

Zu dritt liefen wir die vielen kleinen Treppenstufen hoch, vorbei am schwarzen Modell eines Segelfliegers, der in der Luft zu schweben schien und nur von unsichtbaren Fäden gehalten wurde. Auf dem obersten Absatz sahen wir dann schon die erste Installation von Dan Flavin: sieben weiße Leuchtstoffröhren, senkrecht nebeneinander aufgereiht und leicht gegeneinander verschoben. Die Lichtkunst des Amerikaners hatte mich schon immer fasziniert, ich kannte ein paar seiner Werke, jedoch nur aus Bildbänden. Jetzt konnten wir sie uns live ansehen.

Nico blieb vor der Installation stehen. »Der Effekt ist okay, aber heute würde natürlich keiner mehr Leuchtstoffröhren verwenden, sondern Laser.«

»Wart's ab«, sagte ich, »da drüben sind farbige Röhren.«

Wir betraten den nächsten Raum und standen vor einem langen Zaun aus lauter grünen Lampen, die wie Gitterstäbe angeordnet waren. Das Grün war so intensiv, dass es blendete. Ich hielt mir die Hand vor die Augen und drehte mich zu Amelie um.

Die prustete plötzlich los. »Hey, du bist ja total grün im Gesicht, als würdest du gleich kotzen.«

Ich musste auch lachen. Amelies und Nicos Gesichtsfarbe sah mindestens genauso ungesund aus.

»Das ist genial«, sagte Amelie. »Jetzt sind wir Teil des Kunstwerks.«

Nico kratzte sich am Kopf. »Stimmt, gar nicht schlecht.«

Ich ging näher ran. Das Grün zog mich an wie ein Magnet. Auf einmal fing es an zu pulsieren. Ich konnte die Schwingungen sehen, und dann hörte ich auch die Töne, es war fast wie in meinem E-Film im Park mit Jannis.

»Hört ihr das auch?«, fragte ich. »Die Töne?«

»Welche Töne?«, fragte Nico zurück.

»Also, ich seh nur dieses eklige Grün, und langsam wird mir wirklich schlecht davon«, sagte Amelie.

Ich schüttelte den Kopf. »Lasst euch doch mal richtig drauf ein. Schaltet einfach kurz den Kopf aus.«

Amelie und Nico starrten auf die Installation und dann wieder auf mich.

»Hört ihr es jetzt?«, fragte ich. »Die Töne sind wunderschön, wie Sphärenklänge aus einer anderen Dimension.«

»Tut mir leid«, sagte Nico. »Ich hör nichts. Das ist doch nur Grün, ich weiß echt nicht, wovon du redest.«

Ich überlegte, wie ich es ihm noch erklären sollte, aber es fiel mir nichts ein. Sonst konnte ich über alles diskutieren, aber das hier ging über die Grenzen der Logik hinaus. Grenzen, die ich bis vor Kurzem genauso wie Nico akzeptiert hatte, doch inzwischen konnte ich sie nicht mehr ernst nehmen.

Amelie strich mir über die Schulter. »Alles okay mit dir?«

»Ja, klar«, sagte ich. »Mir geht's gut.«

Ich merkte, dass sie es nicht so recht glaubte. Wahrscheinlich dachte sie, ich würde langsam durchdrehen. Wieder biss ich mir auf die Zunge. Ich konnte ihr nicht erzählen, dass ich Ecstasy genommen hatte, sie würde es nicht verstehen. Vor drei Wochen hätte ich es ja selbst nicht verstanden.

»Kommt, gehen wir weiter«, sagte ich und machte einen Witz über einen Museumsbesucher, der ständig in seinem Führer las und kaum einen Blick auf die Exponate warf.

»Typisch deutsch«, meinte Nico und lachte. Bei ihm hatte die Ablenkung gewirkt, aber Amelie sah mich immer noch komisch von der Seite an.

Ich ignorierte es und las ein Schild an der Wand. »Hier geht es in einen Raum mit UV-Licht. Das klingt spannend.«

Ich schlug den Vorhang zur Seite und ließ Amelie und Nico vorgehen. Als sich der Vorhang hinter uns geschlossen hatte, standen wir in einem diffusen Dämmerlicht, an das sich meine Augen erst gewöhnen mussten. Nach ein paar Sekunden konnte ich die schmalen lilafarbenen Lampen erkennen, die den Raum wie einen Bilderrahmen eingrenzten.

Nico deutete auf mein gelbes Shirt. »Sieh mal, wie das leuchtet!«

Tatsächlich brachte das UV-Licht alle hellen Kleidungsstücke zum Leuchten. Es war magisch, ich kam mir vor wie ein Lichtwesen, das durch Raum und Zeit schwebte.

»Deine Zähne sind ja auch ganz weiß!«, rief Amelie.

Ich betrachtete ihre Zähne und nickte. »Stimmt, du könntest glatt Werbung für Zahncreme machen.«

»Hey, Nico«, sagte Amelie, »zeig mal deine Zähne!«

Doch der hatte sich weggedreht und reagierte nicht. Ich folgte seinem Blick und sah einen Jungen aus der Kollegstufe, der auch auf Esthers Party gewesen war.

»Kennst du den?«, fragte ich.

Nico zuckte zusammen. »Was?«

»Ob du den kennst?«, wiederholte ich.

»Nein«, sagte Nico und presste die Lippen zusammen. »Stand nicht vorne auf dem Schild, dass das UV-Licht gefährlich ist? Also, ich geh lieber wieder raus.« Damit machte er auf dem Absatz kehrt und verschwand.

»Was hat er denn auf einmal?«, fragte Amelie.

Ich zuckte mit den Schultern. »Keine Ahnung.«

Amelie und ich ließen die Installation noch ein bisschen auf uns wirken, bevor wir ins normale Tageslicht zurückkehrten. Von Nico war weit und breit keine Spur zu sehen.

Amelie reckte suchend den Kopf in alle Richtungen. »Komisch …«

Wir kannten Nicos Spontanaktionen, die er manchmal

aus einer Laune heraus brachte. »Vielleicht hat er ja Hunger bekommen und ist schon mal ins Museumscafé gegangen«, meinte ich.

»Ja, vielleicht«, sagte Amelie und trat an die Brüstung, von der man hinunter in die Eingangshalle sehen konnte. Dann winkte sie mir zu. »Da unten ist er! Und rate mal, mit wem er quatscht? Mit dem Glonner!«

Ausgerechnet der Glonner! Unser Englischlehrer hatte mir jetzt gerade noch gefehlt. Den ganzen Nachmittag hatte ich mich erfolgreich abgelenkt und nicht an ihn gedacht. Schnell zog ich Amelie von der Brüstung weg.

»Was hast du denn?«, fragte sie. »Hast du irgendwas ausgefressen?«

»Quatsch!«, sagte ich. »Ich hab nur keinen Bock, ihn zu sehen.«

»Warum denn nicht?« Amelie konnte manchmal echt hartnäckig sein.

»Weil er heute so komisch zu mir war«, sagte ich. »Er hat mich vor der Pause gefragt, ob ich morgen zusammen mit meinen Eltern in seine Sprechstunde kommen könnte.«

Amelie zog die Augenbrauen hoch. »Echt?«

Das war wirklich ungewöhnlich. Normalerweise kamen nur die Eltern zur Sprechstunde, und auch das freiwillig, wenn es Probleme gab wegen schlechter Schulnoten, und solche Probleme hatten Amelie, Nico und ich ja zum Glück nicht. Aber wenn nun der Glonner irgendwie herausbekommen hatte, dass ich Ecstasy genommen hatte? Daran durfte ich gar nicht denken. Wenn meine Eltern das erfuhren, würden sie ausrasten.

Amelie boxte mir mit dem Ellbogen in die Rippen. »Gib's zu, du hast doch was ausgefressen!«

Ich versuchte, so locker wie möglich zu reagieren. »Klar, ich hab heimlich die Aufgaben für die nächste Englischarbeit aus dem Lehrerzimmer geklaut.«

»Und bei der Gelegenheit hast du auch gleich noch Stinkbomben verteilt«, fantasierte Amelie weiter.

»Ja, genau.« Ich lachte, obwohl mir überhaupt nicht danach zumute war.

»Setzen Sie sich doch!«, sagte Herr Glonner und machte eine einladende Handbewegung. »Du natürlich auch, Kira.«

Ich zögerte. Mein leeres Klassenzimmer kam mir auf einmal vor wie eine Verhörzelle, mit genügend Stühlen, auf denen man mich festbinden konnte, um die Wahrheit aus mir herauszukitzeln.

Da zischte meine Mutter mir zu: »Kira, setz dich!«

Ich ließ mich neben meinem Vater auf einen Stuhl in der ersten Reihe fallen. Herr Glonner hatte hinter seinem Tisch Platz genommen, musterte mich über den Rand seiner Brille hinweg und schwieg. Musste er mich auch noch auf die Folter spannen? Konnte er es nicht endlich hinter sich bringen?

»Sie wollten uns sehen?«, fing mein Vater an und warf verstohlen einen Blick auf seine Armbanduhr. »Ehrlich gesagt waren meine Frau und ich ein bisschen überrascht. Kira ist doch gut in der Schule, und in Englisch hatte sie noch nie Probleme. Ich kann mir nicht vorstellen, dass sich daran etwas geändert haben soll.«

»Probleme in Englisch?«, wiederholte Herr Glonner. »Nein, die hat Kira nicht.« Wieder schwieg er und musterte mich.

Ich merkte, wie meine Hände feucht wurden.

»Worum geht es dann?«, fragte meine Mutter. »War Kira unhöflich zu ihren Mitschülern – überheblich vielleicht?«

Wunderbar! Solche tollen Komplimente will man von seiner Mutter hören.

Herr Glonner setzte seine Brille ab und klappte sie umständlich zusammen. »Wie soll ich es am besten ausdrücken? Ich bin selbst etwas überfordert. Also: Kira hat mich in den letzten drei Wochen richtig umgehauen. Sie war immer sehr gut, eine der Besten in der Klasse, aber seit Kurzem legt sie einen Höhenflug nach dem anderen hin.«

Ich starrte ihn an und konnte nicht glauben, was er da erzählte.

Meine Eltern waren auch ziemlich perplex.

Herr Glonner lächelte. »Sie haben richtig gehört: Kira ist zurzeit auf der Überholspur. Ihre Leistungen sind noch besser geworden, und was mich besonders beeindruckt, ist ihre Kreativität in Englisch. Sie hat ein ganz neues Sprachgefühl entwickelt. Sie steckt voller Fantasie und setzt diese Fantasie perfekt in Wörter und Wendungen um.«

Langsam sickerten seine Worte in mein Gehirn. Ich hatte wirklich mit allem gerechnet, aber nicht mit dieser Lobeshymne.

Da räusperte sich mein Vater. »Freut mich sehr, dass Sie das sagen. Kira ist eben ein ganz besonderes Mädchen …«

»Papa …«, murmelte ich. Wenn er jetzt auch noch in die Lobeshymne mit einstimmte, wurde es nur noch peinlich.

»Schön, sehr schön«, sagte meine Mutter und strich ihren Rock glatt. Das Euphorie-Problem meines Vaters hatte sie zumindest nicht.

»Allein deswegen habe ich Sie natürlich nicht in die Sprechstunde gebeten«, redete Herr Glonner weiter. »Ich wollte Ihnen einen Vorschlag machen: Haben Sie schon mal daran gedacht, dass Kira für ein Jahr ins Ausland gehen könnte?«

»Ins Ausland?«, fragte meine Mutter. »Aber Kira ist doch erst sechzehn!«

Ich warf ihr einen finsteren Blick zu. Wahrscheinlich würde sie mich auch noch mit achtzehn wie ein Baby behandeln.

»Ins Ausland?«, murmelte mein Vater, der genauso platt wie meine Mutter war.

Herr Glonner nickte. »Warum nicht? Zum Beispiel nach Amerika. Nach der Zehnten würde sich das wunderbar anbieten. Ich habe hier ein Stipendium für eine Highschool in San Francisco, das ich keiner Schülerin lieber vermitteln würde als Kira.«

»San Francisco!«, rief mein Vater. »Eine wunderbare Stadt. Da war ich viel zu lange nicht mehr. Allein die viktorianischen Häuser …«

Typisch! Er dachte sofort wieder an Architektur.

»Das stimmt«, sagte Herr Glonner. »Die viktorianischen Häuser sind wirklich beeindruckend, aber vor allem sollte es Kira dort gefallen, nicht? Du hast noch gar nichts dazu gesagt, Kira. Was hältst du denn von der Idee?«

Ich schluckte. Eigentlich war ich immer noch dabei, die überraschende Wende zu verdauen, dass es hier nicht um meine Ecstasy-Höhenflüge ging, sondern um meine Englisch-Höhenflüge.

»Äh ... ich weiß nicht ...«, sagte ich. »Klar, San Francisco ist toll und ... ich wollte schon mal ins Ausland gehen, aber ...«

»Aber?«, hakte Herr Glonner nach.

»Na ja«, sagte ich, »ich dachte, dass ich es nach dem Abi machen könnte oder so.«

Herr Glonner setzte seine Brille wieder auf. »Die Möglichkeit hast du ja nach wie vor. Ich stelle nur fest, dass Auslandsaufenthalte immer wichtiger werden für den Lebenslauf, gerade frühe Auslandsaufenthalte.«

Jetzt wurde meine Mutter auf einmal hellhörig. »Stimmt, Sie haben vollkommen recht. Wir hoffen natürlich sehr, dass Kira einmal Karriere macht. Und dafür braucht sie auf jeden Fall sehr gute Englischkenntnisse.«

»Ganz genau«, sagte mein Vater und nickte dazu, als wäre die Idee ursprünglich von ihm gewesen.

Herr Glonner lächelte. »Freut mich, dass Kira und Sie beide interessiert sind. Am besten gebe ich Ihnen die Broschüre über die Highschool in San Francisco mit, da steht alles über das Stipendium und die Modalitäten drin. Bei Fragen, rufen sie mich einfach an.«

Meine Mutter schnappte sich die Broschüre und stand auf. »Vielen Dank! Wir sind Ihnen sehr verbunden, dass Sie unsere Tochter so fördern.«

»Keine Ursache«, sagte Herr Glonner und zwinkerte mir zu. »Kira hat selbst das meiste dazu getan.«

Ich stand auch auf. Lange hielt ich das Gesülze nicht mehr aus. Zum Glück verabschiedeten sich meine Eltern schnell. Zu dritt gingen wir zum Auto.

»Ist das nicht eine wunderbare Neuigkeit?«, rief mein Vater und schwenkte seinen Schlüsselbund wie eine Trophäe. »Kira könnte bald ein völlig neues Leben führen!«

Beinahe hätte ich losgelacht. Ich führte längst ein neues Leben, parallel zu meinem langweiligen Streberdasein, das mir inzwischen so was von egal war. Und das Beste daran war, dass es keiner merkte, im Gegenteil: Sie lobten mich auch noch dafür!

10. Kapitel

Kiras Freundin Esther

Ich hab Kira damals gern zu meiner Party eingeladen, und ich fand sie auch sofort sympathisch. Sie hat ihre guten Noten nie raushängen lassen, und man konnte richtig Spaß mit ihr haben. Von wegen Streberin! Sie hat uns ziemlich bald alle überholt und ganz schön was eingeworfen. Ich hab sie bewundert und dachte mir, sie hat es im Griff. Hat sie dann aber doch nicht gehabt ... Ich bin ziemlich erschrocken damals, und das alles tut mir immer noch sehr leid. Trotzdem: Ich finde, wir waren immer offen und ehrlich zu Kira. Keiner von uns hat sie zu etwas gedrängt, von wegen Gruppenzwang und so. Das ist alles Quatsch. Sie hat sich frei dafür entschieden, Drogen zu nehmen, sie hat selbst die Verantwortung dafür übernommen, und sie kannte die Risiken genau wie wir. Auch wenn Kiras Mutter noch so oft behauptet, wir hätten einen schlechten Einfluss auf sie gehabt. Damit will sie doch nur von ihren eigenen Problemen ablenken. Es ist immer einfach, Sündenböcke zu finden, auf die man die Schuld abladen kann. Viel einfacher, als zu akzeptieren, dass fast jeder an unserer Schule irgendwann mal Kontakt mit Drogen hat, der eine eben früher und der andere später. Bei Ecstasy regen sich immer alle sofort auf, dabei gibt es viel mehr Jugendliche, die Al-

kohol missbrauchen. Nur weil man überall Bier und Schnaps legal kaufen kann und die Erwachsenen es uns vormachen, dass es cool ist, zu trinken, wird es unter den Tisch gekehrt. Das ist nicht fair.

»Leihst du mir deinen Kajal?«, fragte Sofie vom anderen Ende des Schminktischs in Esthers Bad.

»Klar«, sagte ich und holte weit aus. »Fang!«

Sofie streckte die Hände aus und kicherte. Sie verfehlte den Stift, der klackernd neben ihr auf den Boden fiel. Schnell bückte sie sich, um ihn aufzuheben, kicherte dabei aber so sehr, dass er ihr immer wieder aus den Händen glitt.

Kathrin, Esther und ich sahen ihr bei ihren komischen Verrenkungen zu und lachten uns schlapp.

Esther hatte sich als Erste wieder einigermaßen im Griff und wischte sich die Lachtränen aus den Augen. »Kommt, beeilt euch, die anderen warten auf uns!«

Esthers Eltern waren mal wieder übers Wochenende weggefahren, und Esther hatte natürlich sofort die Gelegenheit genutzt, eine Party zu geben.

»Du hast recht«, sagte Kathrin. »Dann wollen wir mal deinen Gästen zeigen, wie gut wir drauf sind.« Sie kramte in ihrem Kosmetiktäschchen und holte ein Plastiktütchen mit Ecstasy-Pillen heraus. »Wer hat noch nicht, wer will noch was?«

Kathrin war unsere unerschöpfliche Quelle, was Nachschub anging. Sie hatte als Erste von uns mit Ecstasy angefangen und einen Dealer aufgetan, der einen festen, kleinen Kundenkreis hatte und von zu Hause aus verkaufte. Nur Kathrin wusste, wie er hieß und wo er wohnte, und ehrlich gesagt war ich auch heilfroh darüber.

»Her damit!«, sagte ich und holte mir eine Pille ab. Inzwischen nahm ich eine für mich allein, genau wie Jannis.

Als alle versorgt waren, schluckten wir die Pillen und ließen zum Runterspülen eine Bierflasche kreisen. Mir wurde jetzt schon warm ums Herz, obwohl die Wirkung erst später einsetzen würde. Seit ich gemeinsam mit Esther, Sofie und Kathrin die Pillen einwarf, genoss ich diesen Moment, wenn wir unter uns waren. Es war ein wunderschönes Ritual: nur wir Frauen, richtig feierlich.

Gemeinsam warfen wir einen letzten Blick in den Spiegel, überprüften unser Make-up. Dann umarmten wir uns und gaben uns gegenseitig Küsschen auf die Wangen.

»Fertig?«, fragte Esther. »Also dann, let's party!«

Wir verließen kichernd das Bad und machten uns auf den Weg zum Partykeller. Der war schon gut gefüllt mit Gästen. Leon stand hinter der Bar und schenkte Getränke aus. Jannis saß auf einem Barhocker, vor sich einen Jägermeister, und diskutierte mit Leon die weltbewegende Frage, welche Kombination besser schmeckte: Bier mit Jägermeister oder Cola mit Jägermeister.

Ich legte ihm von hinten die Arme um den Hals. »Also, mir schmecken Küsse mit Jägermeister am besten.«

Jannis drehte den Kopf zu mir herum und grinste mich an. Dann bekam ich einen ausgiebigen Zungenkuss, der tatsächlich nach Jägermeister schmeckte, nach Jägermeister und einem Hauch Cola.

Als wir aufhören mussten, um Luft zu holen, griff ich nach seiner Hand. »Komm, lass uns tanzen!«

Doch Jannis warf Leon einen kurzen Blick zu und schüttelte den Kopf. »Jetzt nicht. Später vielleicht.«

»Langweiler!«, sagte ich und meinte damit nicht nur ihn, sondern auch Leon. Offenbar führten die beiden gerade ein Männergespräch. Egal, dann würde ich eben mit den Mädchen tanzen.

Esther, Kathrin, Sofie und ich gingen auf die Tanzfläche. Wir waren mit Abstand die schönsten und tollsten Mädchen weit und breit. Ich spürte die bewundernden Blicke der anderen Leute aus unserer Schule. Ich erinnerte mich noch gut daran, wie ich neben der Tanzfläche gestanden und die Party-Clique beobachtet hatte. Ich hatte die Kluft gespürt zwischen ihnen, den Coolen, und mir, der langweiligen Streberin. Jetzt gehörte ich selber zu den Coolen.

Wir tanzten uns warm, lachten und warfen uns kurze Wortfetzen zu, die nur wir verstanden. Bald wurde es voll auf der Tanzfläche. Plötzlich wollten alle dabei sein. Der Sauerstoffgehalt der Luft sank von Minute zu Minute.

Sofie verdrehte die Augen. »Mann, ist das eng hier!«

Ich bekam auch langsam Platzangst. »Wollen wir kurz raus an die frische Luft?«, rief ich ihr zu.

Sofie nickte. »Gute Idee.«

Wir setzten uns von den anderen ab und bahnten uns einen Weg durch die Menge zur Tür. Als wir die Kellertreppe hochgingen und ins Freie kamen, atmete ich erst mal tief durch.

Sofie streckte ihre Arme zum Sternenhimmel. »Und, spürst du schon was?«

»Nein«, sagte ich. Normalerweise setzte die Wirkung bei mir spätestens nach zwanzig Minuten ein, aber heute dauerte es anscheinend länger.

Sofies Pupillen weiteten sich bereits. Mit glänzenden Augen sah sie mich an. »Glaubst du eigentlich an Reinkarnation?«

Ich schüttelte den Kopf. »Nein, wieso?«

Sofie lächelte. »Ich schon. Ich glaube, dass wir alle schon öfter hier auf der Erde waren. Vor jedem neuen Leben entscheiden wir, welche Erfahrungen wir noch machen wollen. Und dann suchen wir uns aus unserer Seelenfamilie die Leute aus, mit denen wir diese Erfahrungen am besten realisieren können, unsere Feinde und Freunde, unsere Eltern und unsere ...«

»Unsere Eltern??«, unterbrach ich sie. »Nee, die hab ich mir bestimmt nicht ausgesucht!«

»Ich weiß, was du meinst«, sagte Sofie und lachte. »Aber viele suchen sich extra schwierige Eltern aus, um etwas Bestimmtes daraus zu lernen.«

Ich konnte mit dem Ganzen nichts anfangen, Seelenfamilie, Reinkarnation und so weiter. Sofie las ständig irgendwelche esoterischen Bücher und hatte mir auch schon eins ausgeliehen, aber ich hatte nach ein paar Seiten keine Lust mehr gehabt, weiterzulesen.

»Kira?«, sagte Sofie leise. »Ich hab so das Gefühl, dass du auch zu meiner Seelenfamilie gehörst. Wir beide ...«

Sofie deine Augen wie du mich ansiehst nah wie noch nie Strahlen sie sprühen goldenes Band Verbindung zu mir siehst mir ins Herz sprich weiter Sofie kann dich hören hör dich erst richtig ja es stimmt du und ich treiben im Wasser blaugrünorange ein Boot für uns zwei ich kenn dich du Seele Teil meiner Welt gehören zusammen waren schon hier sind es noch immer werden es sein Zukunft die Zeit wie sie rast schneller wir schwimmen Wellen im Meer salzige Gischt warte Sofie mein Herz wie es rast atemlos kann nicht mehr lach nicht Sofie wo bist du Sofie dein Band immer dünner es reißt nein bitte nicht falle zurück Wellen so hoch peitschen mein Haar graugrün so dunkel schmeckt das bitter Sog meiner Füße so schwer noch tiefer hinab nimmt kein Ende wo ist der Grund kann nicht mehr kann nicht mehr so müde muss schlafen blaue Wand rote Tulpen mein Bett viel früher Stäbchen herum ja das kenn ich Teddy hallo drück dich nur noch ein Ohr armer Teddy bin klein noch ein Baby alles riesig wie still diese Stille halt ich nicht aus was ist los mein Bauch tut weh Mama wo bist du hab Hunger alleine brauch dich so still keiner kommt wie es dröhnt meine Schreie Hilfe alleine Mama wo nur wo bist du Mama hörst du nicht meine Schreie hilf mir wieder so still hat keinen Sinn keiner da nie mehr wieder alleine jetzt und dann immer ohne dich Mama alleine für immer.

»Kira? Kira!« Jemand rüttelte an meinem Arm.

Ich blinzelte. »Was … wo bin ich …?«

»Du bist hier draußen in der Kälte, vor Esthers Haus«, sagte Jannis. Erst jetzt erkannte ich seine Stimme. »Was machst du denn da? Du holst dir noch eine Erkältung.«

Ich drehte mich um. Vorhin war doch Sofie hier gewesen, aber sie war weg, verschwunden. Nur Jannis und ich standen zusammen vor dem Kellereingang.

»Geht's dir gut?«, fragte Jannis. Er klang besorgt.

Ich nickte. »Ja, alles okay, ich hatte nur so einen verrückten Traum ...«

»Hoffentlich keinen bad trip?«, fragte Jannis.

»Nein, so schlimm war's nicht«, sagte ich.

Auf einmal rückten die Bilder wieder ganz weit weg. Hatte ich wirklich mich selbst als Baby gesehen? Jetzt kam es mir plötzlich völlig absurd vor.

»Geht's dir wirklich gut?«, fragte Jannis.

Ich lächelte ihn an. »Ja, keine Panik!« Da blies mir ein Windstoß ins Gesicht. Ich rieb meine Arme und merkte, dass ich überall Gänsehaut hatte. »Brrr! Lass uns reingehen, mir ist eiskalt.«

»Gute Idee«, sagte Jannis und legte den Arm um mich. Gemeinsam gingen wir zurück in den Keller, zurück zur dröhnenden Musik, zurück in die stickige, warme Luft.

Die Party war auf dem Höhepunkt angelangt. Esther, Kathrin, Sofie und Leon tanzten völlig selbstvergessen, verzückt.

»Komm!«, rief Jannis und wollte mich auch auf die Tanzfläche ziehen, aber ich merkte, wie sich etwas in mir sträubte.

»Geh du schon mal vor«, sagte ich. »Ich muss noch was trinken.«

Jannis nickte und ging zu den anderen.

Ich machte ein paar Schritte in Richtung Bar und blieb auf halbem Weg stehen. Dass ich Durst hatte, war nur eine Ausrede gewesen. In Wirklichkeit hatte ich keine Lust zu tanzen. Ich beobachtete die zuckenden Körper meiner Freunde und spürte nichts, keine Freude, keine Begeisterung, nur Leere. Jannis, Esther, Kathrin, Sofie und Leon waren nur ein paar Meter von mir entfernt, aber trotzdem unendlich weit weg. Ich rieb wieder meine Arme, die einfach nicht warm werden wollten. Und dann kroch die Einsamkeit in mir hoch, von den Füßen hinauf zu den Beinen bis in mein Herz.

»Sind alle weg?«, fragte Esther.

Leon machte die Kellertür zu. »Ja, gerade sind die Letzten nach Hause gegangen. Wir sind wieder unter uns.«

Esther ließ sich stöhnend aufs Sofa fallen. »Das ist gut!«

Ich setzte mich neben sie, obwohl ich eigentlich am liebsten gegangen wäre, aber ich konnte nicht, meine Glieder waren schwer wie Blei. Die anderen waren mir plötzlich so fremd, selbst Jannis, der eindeutig zu viel getrunken hatte.

Der Partykeller sah wüst aus. Die Aschenbecher quollen über. Lauter leere Flaschen lagen herum, zwei waren zerbrochen und die Scherben auf dem Boden verteilt, neben kleinen Lachen aus Bier. Jemand hatte auf dem Lederpolster eines Barhockers seine Zigarette ausgedrückt und ein Brandloch zurückgelassen. Hinter dem Tresen der Bar herrschte ein einziges Chaos. Aber das Schlimmste war der Gestank: eine widerliche Mischung aus Bier, Schweiß und kaltem Zigarettenrauch.

»Mann, bin ich breit!«, sagte Kathrin.

»Und ich erst«, sagte Sofie. Ihre Pupillen waren immer noch geweitet, aber der Glanz aus ihren Augen war verschwunden.

Jannis kam zu mir herüber, er konnte sich kaum auf den Beinen halten, schwankte hin und her und hielt mir einen Jägermeister hin. »Magst du auch was?«

Seine Fahne war so stark, dass ich angewidert zurückwich. »Nein, danke.«

Er kippte den Rest in sich hinein und warf das Fläschchen auf den Boden. Es zersprang in tausend kleine Scherben.

»Hey, muss das sein?«, beschwerte sich Esther.

Jannis zuckte nur mit den Schultern und rülpste.

Ich drehte mich von ihm weg und versuchte, an etwas Schönes zu denken, an unseren ersten Abend, als wir uns die erste Pille geteilt hatten. Doch sosehr ich mich auch anstrengte, ich konnte das unglaubliche Glücksgefühl nicht wieder zurückholen, weder das zwischen mir und Jannis noch das zwischen mir und den anderen. Es war, als hätte es das starke Band unserer Freundschaft nie gegeben.

»Na, hat's dich diesmal auch erwischt?«, fragte Leon. Sein Blick war leer und ging halb an mir vorbei.

»Was?«, fragte ich.

Leon kratzte sich seine Bartstoppeln. »Was wohl? Ecstasy-Kater!«

Ich sah ihn an und wusste, dass er recht hatte. »Ja, kann sein …«, murmelte ich.

Das war es also, wovon die anderen immer geredet hatten, der Preis für den Kick. Jetzt erfuhr ich am eigenen Leib, was sie meinten. Aber eigentlich hatte mein Kater schon viel früher angefangen, noch als ich drauf gewesen war. Nicht mal die Sache mit Sofie war richtig toll gewesen, und dann war es immer schlimmer geworden. Auf einmal sehnte ich mich mit jeder Faser meines Körpers nach dem Glück zurück. Ich kam mir so betrogen vor, als hätte mir jemand ein Geschenk versprochen und es mir dann im letzten Moment doch nicht gegeben.

»Kennt ihr das?«, fragte ich. »Wenn es plötzlich nicht mehr so intensiv ist?«

Sofie, Kathrin und Esther tauschten einen Blick und lachten trocken.

»Klar kennen wir das«, sagte Kathrin. »Willkommen im Club. Wenn du E ein paarmal nimmst, lässt die Wirkung nach.«

»Und dann?«, fragte ich.

Sofie lächelte mich an. »Tja, dann hast du zwei Möglichkeiten: Entweder du steigerst die Dosis, oder du nimmst noch was anderes dazu.«

»Speed, zum Beispiel ... oder Kokain«, sagte Leon. »Speed puscht mich immer wieder ziemlich gut hoch.«

Ich warf einen Blick in die Runde. Bei »Speed« hatten alle bis auf Jannis genickt, also nahmen sie es auch. Ich spürte, wie sich mein Magen zusammenzog. Noch mehr Drogen ... Das konnte doch nicht die Lösung sein.

»Ohne Speed würde ich die Schule gar nicht überstehen«, erzählte Esther.

Die Schule! Plötzlich fiel mir ein, dass wir nächste Woche zwei Arbeiten schreiben würden: in Physik und Französisch. Und ich hatte noch nichts dafür getan. Nach der Sache mit dem Stipendium war ich so euphorisch gewesen, dass ich vor lauter Größenwahn ganz aufgehört hatte zu lernen. Aber jetzt wurde mir allein schon bei dem Gedanken daran, wieder funktionieren zu müssen, schlecht. Mein Gehirn war komplett leer, es fühlte sich an wie ein zäher Brei.

»Probier's doch mal aus«, sagte Kathrin. »Ich hab noch was in meiner Tasche, das kann ich dir geben.«

Ich zögerte, aber schließlich nickte ich. »Danke.« Vielleicht war es doch die Lösung oder zumindest ein Ausweg auf Zeit.

Ich musste es ja nicht nehmen. Vielleicht brauchte ich es gar nicht. Vielleicht musste ich mich nur ausschlafen, und dann war ich am Montag wieder fit.

11. Kapitel

Kiras Klavierlehrer

Kira war eine meiner besten Schülerinnen. Im Gegensatz zu den anderen musste ich sie nie zum Üben drängen. Tonleitern und Fingerübungen waren für sie selbstverständlich. Als sie den ersten Preis im Wettbewerb gewonnen hat, war ich richtig stolz. Natürlich auch, weil ich sie auf das Konzert vorbereitet hatte. Und offenbar habe ich einige Dinge richtig gemacht. Ich dachte immer, dass Kira später vielleicht Musik studiert. Talent dazu hätte sie auf jeden Fall und das Durchhaltevermögen auch. Natürlich ist die Konkurrenz groß an den Musikhochschulen, aber Kira hätte den enormen Druck bestimmt ausgehalten. Sie hatte eine große Zukunft vor sich. Aber daraus wird ja jetzt wohl nichts. Ich werde nie verstehen, wie ein junger Mensch sein Leben einfach so wegwerfen kann. Warum man sich freiwillig zerstören kann, seinen Körper, sein Gehirn, die ganze Psyche. Als ob es das wert wäre. Keine Droge der Welt kann so attraktiv sein. Und ausgerechnet Kira! Sie hätte es doch wissen müssen, dass man Probleme nicht durch Drogen lösen kann, sondern nur dadurch, dass man die Zähne zusammenbeißt und sich zusammenreißt. Ich dachte immer, sie wüsste, worum es im Leben geht. Aber da habe ich mich offenbar geirrt. Ja, das Leben ist hart, und keinem wird etwas geschenkt. Die einzige Möglichkeit weiterzukommen ist Selbstdisziplin. Man kann sich nicht auf andere Menschen verlassen, man kann sich nur auf sich selbst verlassen. Und man muss es alleine schaffen, ganz alleine.

❁

Zur Sicherheit kontrollierte ich dreimal, ob die Kabine im Schulklo auch wirklich zu war, nicht dass plötzlich jemand hereinplatzte. Erst dann klappte ich den Klodeckel runter und holte aus meiner Schultasche die Utensilien heraus, die ich brauchte: Speed, Scheckkarte, einen abgeschnittenen Strohhalm und ein Schulheft als Unterlage. Als ich die Line legte, zitterten meine Hände. Kein Wunder, ich hatte seit Tagen kaum mehr geschlafen.

Nur einmal noch, dachte ich. Gleich geht's dir besser, Kira.

Nur einmal noch.

Nur einmal noch.

Das dachte ich jetzt seit zwei Wochen, in denen ich fast jeden Tag unter der Woche Speed genommen hatte und an den Wochenenden XTC und Speed. Es ging einfach nicht anders. Der Ecstasy-Kater war jedes Mal schrecklicher geworden. Und es durfte doch keiner merken. Ich musste weiterfunktionieren, musste, musste, musste ...

Ich beugte mich über mein Heft, hielt das rechte Nasenloch zu und zog mir die Line rein. Dann legte ich den Kopf in den Nacken und atmete tief durch. Komm schon, flehte ich in Gedanken, wirk endlich!

Plötzlich ging die Tür des Mädchenklos auf. Ich schrak hoch, raffte so schnell wie möglich alle Sachen zusammen und stopfte sie in meine Tasche. Dann lauschte ich, während mein Herz raste. Schritte kamen näher. Jemand ging zu den Kabinen.

»Hallo, ist da wer?« Es war Amelie.

Für einen kurzen Moment atmete ich auf. Wenigstens war es kein Lehrer.

»Bist du da drin, Kira?«, fragte Amelie.

Ich biss mir auf die Lippen und schwieg.

Amelie blieb direkt vor meiner Kabine stehen. Ich hielt den Atem an und versuchte mich nicht zu bewegen. Mein Herzschlag hämmerte bis in meinen Kopf hinein.

»Ich hab dich eben hier reingehen sehen«, sagte Amelie. »Ich weiß, dass du es bist, Kira. Ich kann sogar dein Deo riechen.«

Das Hämmern in meinem Kopf wurde immer schlimmer. Mein Schädel dröhnte vor Schmerzen. Warum ging sie nicht weg? Warum ließ sie mich nicht einfach in Ruhe? Wir hatten doch sowieso kaum mehr was miteinander zu tun, außer dass wir im Unterricht nebeneinandersaßen. Seit dem Treffen im Museum hatte ich nichts mehr mit ihr und Nico unternommen. Die beiden hatten mich zwar zwei-, dreimal gefragt, aber ich war immer so fertig gewesen, dass ich jedes Mal abgelehnt hatte.

Leider war Amelie schon immer hartnäckig gewesen.

»Kira, bitte, sag doch endlich was! Geht's dir nicht gut? Du warst so blass vorhin.«

Ob es mir nicht gut ging? Ehrlich gesagt ging es mir beschissen, aber das würde ich Amelie garantiert nicht auf die Nase binden. Sie hatte doch keine Ahnung. Sie hatte noch nie Drogen genommen, und sie würde es auch mit Sicherheit nie im Leben tun. Sie lebte in einer völlig anderen Welt, einer Welt, die ich längst hinter mir gelassen hatte.

»Kann ich dir irgendwie helfen?«, fragte Amelie.

Helfen? Mir konnte keiner helfen.

»Kira, ich werde hier nicht weggehen, bis du endlich mit mir redest!« Den Ton in ihrer Stimme kannte ich, den hatte sie früher immer bei unseren Debatten, wenn sie von ihrer These fest überzeugt war und keinen Millimeter davon abrücken wollte.

Es half alles nichts. Schließlich gab ich auf. »Was willst du?«

Amelie seufzte. »Na, endlich! Kira, was ist los? Kann ich irgendwas tun?«

»Nein!«, sagte ich.

»Ich weiß, dass wir in letzter Zeit kaum miteinander gesprochen haben«, sagte Amelie, »du warst immer so komisch und …«

»Spar dir die Worte!«, unterbrach ich sie. »Du kannst mir nicht helfen.«

Amelie schwieg, aber sie ging nicht weg. Warum kapierte sie nicht, dass ich sie nicht brauchte? War das so schwer zu verstehen?

»Geh endlich!«, rief ich.

Amelie blieb immer noch stehen. »Willst du wirklich, dass ich gehe?«

»Ja! Ich brauch dich nicht, und Nico auch nicht.«

»Aber warum?«

»Weil ich dich hasse! Ich hasse euch beide!« Die Worte schossen aus mir heraus, ohne dass ich etwas dagegen tun konnte.

Amelie schnappte hörbar nach Luft. »Okay, hab schon verstanden. Ich werde dich garantiert nicht mehr belästigen.« Damit machte sie auf dem Absatz kehrt und rannte hinaus.

Ich stützte meinen Kopf in die Hände und schluchzte los. Warum ging bloß alles kaputt? Mein früheres Leben, die Freundschaft mit Amelie und Nico. Das hatte ich nicht gewollt, aber jetzt war es zu spät. Viel zu spät.

Ich heulte und heulte, bis der Gong läutete. Die Pause war zu Ende, ich musste zurück ins Klassenzimmer. Gleich würden wir die Französischarbeit zurückbekommen. Mir graute davor. In der Physikarbeit hatte ich eine Vier bekommen, und Französisch hatte ich mit Sicherheit auch verhauen. Meine Hände fingen wieder an zu zittern, und mein Magen krampfte sich zusammen. Ich musste würgen, aber es kam nichts heraus, ich hatte ja auch heute noch nichts gegessen. Schnell wischte ich die Tränen weg und stand auf. Mir wurde schwindelig. Trotzdem schaffte ich es, die Tür der Kabine aufzumachen und mit wackeligen Knien zu den Waschbecken zu gehen. Dort klatschte ich mir eiskaltes Wasser ins Gesicht und trocknete es mit dem harten, grauen Papier ab. Als ich einen Blick in den Spiegel warf, zuckte ich zusammen. Ich sah schrecklich aus: Meine fahle Haut hatte rote Flecken, teils vom kalten Wasser und teils von den Pickeln, die in letzter Zeit nur so sprossen. Es half nichts, ich musste so in die Klasse zurück.

Gerade noch rechtzeitig, kurz vor Herrn Glonner, schlüpfte ich ins Klassenzimmer und rutschte neben Amelie in die Bank. Sie sagte kein Wort und drehte den Kopf weg. Hinter meinem Rücken spürte ich Nicos verachtenden Blick.

»Guten Morgen!«, rief Herr Glonner. Mit einem Schwung ließ er den Stapel mit den Französischarbeiten auf den Tisch fallen.

Ein Raunen und Stöhnen ging durch die Klasse. Dann schwiegen alle, und die Anspannung schwebte knisternd im Raum.

»Ich habe eine gute und eine schlechte Nachricht für euch«, sagte Herr Glonner. »Zuerst die gute: Der Notendurchschnitt der Arbeit ist überraschend positiv. Und jetzt die schlechte Nachricht: Es gab ein paar böse Ausrutscher nach unten.« Er nahm die drei obersten Arbeiten vom Stapel und ging an mir vorbei zur hintersten Bank.

»Leon, das war leider gar nichts«, sagte er. »Eine Fünf. Wenn du so weitermachst, ist deine Versetzung schon wieder gefährdet.« Leon zog den Kopf ein und stierte stumm auf die rote Fünf.

Inzwischen gab Herr Glonner Jannis seine Arbeit. »Bei dir war es auch nicht viel besser. Vier minus, aber nur, weil ich beide Augen zugedrückt habe.«

Jannis nahm die Arbeit entgegen, ohne eine Miene zu verziehen. Er war noch nie besonders gut in der Schule gewesen, und anscheinend machte es ihm nichts aus. Trotzdem tat er mir leid.

Während ich noch darüber nachdachte, ob ich mal mit Jannis lernen sollte, stand Herr Glonner plötzlich vor mir und sah mich traurig an. »Kira, deine Leistung hat mich besonders getroffen. Wie konnte das denn nur passieren?«

Ich schluckte. Ich hatte eine Vier! Meine erste Vier in Französisch. Bis jetzt hatte ich nur Einsen und höchstens mal eine Zwei gehabt.

»Kommst du nach der Stunde noch kurz zu mir?«, fragte Herr Glonner. »Ich würde gern alleine mit dir sprechen.«

Ich nickte und wich seinem enttäuschten Blick aus. Das Blut stieg mir zu Kopf. Ich schämte mich schrecklich.

Während Herr Glonner die restlichen Arbeiten verteilte, steckte ich meine Arbeit schnell in die Schultasche. Ich konnte es einfach nicht ertragen, dauernd die knallrote Vier sehen zu müssen. Dann schielte ich zu Amelie hinüber, die gerade ihre Arbeit mit einer glatten Eins zurückbekam. Sie strahlte und vertiefte sich sofort darin, ohne mich zu beachten. Es tat so weh. Auf einmal sehnte ich mich danach, mich von ihr trösten zu lassen, aber das konnte ich vergessen. Amelie würde mich nie mehr trösten nach den Worten, die ich ihr vorhin an den Kopf geworfen hatte.

Der Unterricht ging weiter, aber ich bekam kaum etwas davon mit. Ich tat so, als würde ich aufpassen und mitschreiben, doch in Wirklichkeit kämpfte ich gegen meine Verzweiflung an. Das war jetzt die zweite Vier innerhalb einer Woche! Was sollte ich bloß tun? Noch mehr lernen, obwohl mir jetzt schon immer wieder die Augen zufielen und ich mich nicht konzentrieren konnte? Und wie sollte ich das bloß meinen Eltern beibringen? Die würden aus allen Wolken fallen.

Unter der Bank tastete ich nach einem Stück Schmierpapier. Ich musste Jannis schreiben, sonst wurde ich noch verrückt. Schnell kritzelte ich ein paar Worte hin:

Hallo, Jannis!
Sehen wir uns heute? Bei mir um drei Uhr?
Ich brauch dich!
Kira

Ich faltete den Zettel zusammen, schrieb Jannis' Namen drauf und wartete einen günstigen Augenblick ab, als Herr Glonner etwas an die Tafel schrieb. Dann schickte ich den Zettel auf die Reise.

Kurz darauf kam er bei Jannis an. Unauffällig drehte ich mich um und wartete auf seine Reaktion. Er las meine Nachricht und nickte mir zu. Ich nickte zurück. Wenigstens auf eine Sache konnte ich mich an diesem beschissenen Tag freuen.

Irgendwann ging die quälende Französischstunde doch noch zu Ende. Alle sprangen erleichtert auf und stürmten aus dem Klassenzimmer. Ich blieb sitzen und verstaute mein Federmäppchen extra langsam und umständlich in meiner Tasche, bis ich sicher war, dass auch Amelie und Nico verschwunden waren. Dann stand ich langsam auf und ging nach vorne zu Herrn Glonner.

Der bot mir einen Stuhl an und setzte sich hinter seinen Tisch. Wieder musterte er mich über den Rand seiner Brille hinweg, wie bei dem Gespräch, als er mir das Stipendium angeboten hatte, aber dieses Mal lag keine Bewunderung in seinem Blick.

»Ich war ziemlich entsetzt, als ich deine Arbeit korrigiert habe, Kira. Ich dachte, das Stipendium würde dich beflügeln, stattdessen ist das Gegenteil der Fall. Stimmt etwas nicht mit dir? Bist du krank?«

Krank fühlte ich mich tatsächlich, aber das konnte ich natürlich nicht sagen. »Nein, ich bin nicht krank«, murmelte ich.

»Was ist es dann?«, fragte Herr Glonner weiter. »Hast du Probleme zu Hause? Wollen deine Eltern das Stipendium nicht unterstützen? Hattest du deswegen Streit mit ihnen? Wenn ja, kann ich gern noch mal mit ihnen sprechen.«

Ich schüttelte heftig den Kopf. Alles, bloß das nicht. Schnell sagte ich: »Nein, sie finden das Stipendium toll.«

Das stimmte auch. Mein Vater war sowieso total aus dem Häuschen, weil ich die Gelegenheit hatte, nach San Francisco zu gehen, wo er selber schon gewesen war. Und meine Mutter hatte ihre Bedenken, dass ich zu jung war, längst über Bord geworfen, seit das Stichwort »Karriere« gefallen war.

Herr Glonner setzte seine Brille ab und fuhr sich durch die Haare. »Was ist es dann, Kira? Ich mache mir wirklich Sorgen um dich. Du wirkst so verändert. Dir scheint es wirklich nicht gut zu gehen.«

Ich suchte verzweifelt nach einer Ausrede, um ihn zu beruhigen, aber in meinem Gehirn war absolute Funkstille.

»Wenn du mit mir nicht sprechen willst …«, fing Herr Glonner an.

»Doch, doch«, sagte ich hastig. »Es ist nur …« Im letzten Moment fiel mir etwas ein. »Es ist nur … meine Oma ist gestorben, ganz plötzlich …«

Herr Glonner stutzte. »Ach so! Das tut mir sehr leid. Davon wusste ich nichts.«

»Kein Problem«, murmelte ich.

»Der Tod eines lieben Menschen kann einen ganz schön aus der Bahn werfen«, sagte Herr Glonner. »Aber deine Oma hatte bestimmt ein langes, erfülltes Leben, oder?«

Ich nickte und versuchte mir vorzustellen, dass meine Oma tatsächlich gestorben war, aber es gelang mir nicht. Mit ihren sechzig Jahren war sie fitter als mein Vater und joggte jeden Tag zusammen mit anderen sportbegeisterten Rentnerinnen.

»Ich wünsche dir alles Gute und viel Kraft für diese schwere Zeit!«, sagte Herr Glonner. »Und ich hoffe, dass es dir bald wieder besser geht.«

Lange hielt ich sein Mitleid nicht mehr aus. »Kann ich jetzt gehen?«, fragte ich.

»Natürlich«, sagte Herr Glonner.

Ich stand auf und flüchtete aus dem Klassenzimmer. Dabei kam ich mir vor wie ein Verbrecher, der gerade noch mit einer fadenscheinigen Lüge davongekommen war. Das nächste Mal würde mein Kartenhaus aus Lügen zusammenfallen, und dann würde nichts und niemand mich mehr retten können.

Meine Lieblings-CD mit den Brahms-Klavierstücken lief in voller Lautstärke. Ich lag auf dem Bett und versuchte, mich durch die harten Akkorde der Rhapsodie zu betäuben, aber dadurch wurde mein Kopfweh nur noch schlimmer. Schließlich schaltete ich den CD-Player ab und tigerte in meinem Zimmer auf und ab. Dabei warf ich alle paar Sekunden einen Blick auf die Uhr. Schon Viertel nach drei! Wo blieb Jannis bloß?

Endlich läutete es unten an der Haustür. Schnell rannte ich auf den Flur und die Treppe hinunter.

Doch Jessie war schneller als ich. Sie hatte Jannis schon hereingelassen und taxierte ihn misstrauisch von oben bis unten. »Ach, Jannis! Du willst sicher zu Kira, oder?«

»Genau«, sagte ich und schob sie zur Seite.

Jannis sah tatsächlich nicht besonders vertrauenerweckend aus. Seine Haare hingen ihm strähnig in die Stirn, und sein Gesicht war schmal und blass.

Ich drückte ihm einen flüchtigen Kuss auf den Mund und sagte: »Komm, lass uns nach oben gehen.«

Er folgte mir mit schweren Schritten. Als wir oben waren, machte ich schnell die Tür hinter ihm zu und schloss ab.

Jannis ließ sich auf mein Sofa fallen und grinste. »Deine Schwester scheint ja nicht gerade ein Fan von mir zu sein.«

»Stimmt«, musste ich zugeben. Die zwei Male, die Jannis mich besucht hatte, war sie alles andere als freundlich zu ihm gewesen. Ich setzte mich neben ihn aufs Sofa und legte den Arm um ihn. »Vergiss sie! Seit sie schwanger ist, spielen ihre Hormone verrückt.«

»Und, wie geht's dir?«, fragte Jannis.

Ich stöhnte. »Beschissen!«

Jannis zog die Augenbrauen hoch. »Wieso denn?«

»Wieso? Das fragst du noch? Weil ich eine Vier in der Französischarbeit hab.«

Jannis zuckte mit den Schultern. »Na und? Ich hab auch eine Vier. Was soll's, die Schule kann mich sowieso.«

»Aber mich nicht«, sagte ich. »Das ist jetzt schon die zweite Vier in einer Woche. So was ist mir noch nie passiert.«

Jannis lachte. »Ach so, klar! Das ist was Neues für dich, oder? Hat dich der Glonner so weichgeklopft? War er enttäuscht, dass du nicht mehr in seinem Streber-Club bist?«

Ich starrte ihn an und konnte nicht glauben, was er da sagte. »Lass den Glonner aus dem Spiel. Außerdem war ich nie in seinem ›Streber-Club‹. Mann, verstehst du das nicht? Ich weiß echt nicht, was ich machen soll. Ich war immer gut in der Schule, und ich will es auch weiter sein. An meine Eltern darf ich gar nicht denken. Wenn ich ihnen das erzähle, bricht eine Welt für sie zusammen.«

»Die Armen!«, sagte Jannis mit gespieltem Mitleid. »Ob sie das verkraften werden?«

Das war zu viel für mich. »Hör mir endlich mal zu! Verstehst du nicht, wie dreckig es mir geht?«

Jannis wich ein Stück zurück und hob beschwichtigend die Hände. »Jetzt reg dich doch nicht so auf. Du nimmst das alles viel zu ernst. Das Leben ist ein Spiel. Neues Spiel, neues Glück, wie beim Billard.«

Die Bemerkung half mir wirklich enorm weiter. »Toll! Ist das alles, was dir dazu einfällt?«

Jannis zuckte mit den Schultern und murmelte: »Das Leben ist ein Dschungel mit tausend Wegen und Abzweigungen. Hinter jeder Abzweigung kann plötzlich das Glück vor dir stehen, aber du weißt eben nie, hinter welcher.«

»Weißt du, wie oft du das schon erzählt hast?«, fragte ich. »Mindestens vier Mal, und ich fand es schon beim zweiten Mal nicht mehr witzig.«

»Sorry«, sagte Jannis. Dann kramte er in seiner Hosentasche. »Du regst dich viel zu sehr auf. Brauchst du was? Ich hab eine Pille. Oder vielleicht Speed? Oder Crystal?«

Eine Pille? Speed? Crystal? So einfach war das für ihn? Damit wollte er mich also ruhigstellen, wie ein kleines, quengeliges Kind, damit ich ihm nicht mehr auf die Nerven ging mit meinen Problemen.

»Steck dir das Zeug sonst wohin«, zischte ich.

Jetzt sah mich Jannis zum ersten Mal wütend an. »Das muss ich mir echt nicht anhören. Lass doch deine schlechte Laune an jemand anderem aus.«

»Ich will mir deinen Blödsinn auch nicht länger anhören«, sagte ich. »Du weißt ja, wo es rausgeht.« Damit drehte ich ihm den Rücken zu.

Jannis grunzte irgendwas vor sich hin. Dann stand er auf und knallte die Tür hinter sich zu.

Ich ballte meine Fäuste und dachte: Ja, hau bloß ab, Jannis! Ich will dich nicht mehr sehen. Ich dachte, du bist der Einzige, der mich noch versteht, aber du hast auch nur deinen nächsten Kick im Kopf.

Plötzlich schossen mir Tränen aus den Augen, und ich warf mich aufs Bett. Warum machte er alles kaputt? Liebte er mich gar nicht? Ich kannte ihn nicht mehr wieder. Das war nicht der Jannis, den ich kennengelernt hatte, der Verständnisvolle, Zärtliche, der Freund, mit dem ich über alles reden konnte. Aber hatte ich ihn eigentlich jemals richtig kennengelernt? Auf der dritten Party hatten wir doch schon zusammen Ecstasy genommen. Waren seine Gefühle für mich etwa gar nicht echt? Waren sie nur unter Drogen entstanden?

Ich richtete mich im Bett auf und spürte, wie sich mein Herz verkrampfte. Auf einmal kam ein noch viel schrecklicherer Gedanke in mir hoch: Was war mit meinen eigenen Gefühlen? Konnte ich meinen Gefühlen überhaupt vertrauen? War das Glück real gewesen, oder war alles nur Halluzination, Illusion? Ich vergrub den Kopf in meinem Kissen. Weiter wollte ich nicht denken, konnte ich nicht denken. Ich wollte nur eins: dass das Glück wieder zu mir zurückkam. Ich brauchte es doch so, das Glück.

Mein Glück …

12. Kapitel

Kiras Englisch- und Französischlehrer

In den letzten Jahren war ich manchmal froh, dass ich am Gymnasium unterrichte und nicht an der Hauptschule. Kollegen von mir klagen sehr darüber, dass das Drogenproblem an den Haupt- und Gesamtschulen zunimmt. Vor allem die Hemmschwelle für Alkohol sinkt dramatisch, und das Einstiegsalter wird immer niedriger. Die Probleme haben wir hier am Gymnasium zum Glück nicht, dachte ich. Und ich hätte nie vermutet, dass Partydrogen so ein großes Thema sind. Am allerwenigsten hätte ich es bei Kira vermutet. Aber das ging wohl allen so. Als Kiras Noten plötzlich schlechter wurden, habe ich mir natürlich Sorgen gemacht, aber nachdem sie vom Tod ihrer Oma erzählt hatte, hab ich die Sache erst mal auf sich beruhen lassen. Obwohl ich schon ein komisches Gefühl dabei hatte. Aber das ist das Schlimme am Lehrerberuf: Man hat so viel zu tun, dass man oft nicht weiß, wo einem der Kopf steht. Ich bin sehr erschrocken, als ich dann schließlich erfahren habe, dass Kira Drogen nimmt. Und ich habe ihr sofort Hilfe angeboten, wenn sie sich mal aussprechen will. Bisher hat sie die Hilfe noch nicht in Anspruch genommen, aber vielleicht tut sie es ja noch. Ich hoffe sehr für sie, dass es ihr bald wieder besser geht und dass sie die Sucht über-

windet. Ich würde es ihr so wünschen, dass sie zu ihrem normalen Leben zurückkehren kann, das heißt, nein: dass sie einen Neuanfang wagt, wie auch immer der aussehen mag. Stipendien, Karriere, das ist alles nicht so wichtig. Viel wichtiger finde ich, dass man Sinn findet im Leben und eine Aufgabe, die einen erfüllt und einem wirklich Freude macht.

»Du isst ja gar nichts, Kira!«, sagte meine Mutter und schob mir vorwurfsvoll die Schüssel mit Heringssalat hin.

Ich schob sie sofort wieder weg. Allein bei dem Geruch wurde mir schon schlecht. »Danke, ich hab keinen Hunger.«

Meine Mutter schüttelte besorgt den Kopf. »Dein Brot hast du auch noch nicht angerührt.«

»Wahrscheinlich will sie abnehmen«, sagte Jessie, »damit sie in diese Zero-Hosen passt, die jetzt alle Mädchen tragen.«

Ich warf ihr einen genervten Blick zu. Nur weil sie gerade selber an Gewicht zulegte, brauchte sie mir noch lange nicht in den Rücken fallen. Außerdem hatte ich noch nie eine Diät gemacht, ich hatte einfach keinen Hunger in letzter Zeit.

Um meine Mutter nicht noch mehr zu provozieren, biss ich von meinem Brot ab. Es schmeckte wie Pappe. Ich kaute und kaute und schaffte es endlich, den Bissen hinunterzuschlucken. Da lief schon wieder meine Nase. Seit zwei Wochen hatte ich eine eklige Erkältung, die einfach nicht wegging. Trotzdem wollte ich heute Nacht unbedingt mit in den Club, schließlich war Samstag. Ich musste nur noch meinen Eltern eine Ausrede unterjubeln. Inzwischen hatte ich schon Übung darin.

»Heute übernachte ich übrigens bei Sofie, einer Freundin von Jannis«, sagte ich so beiläufig wie möglich. »Wir treffen uns zu dritt bei ihr und wollen ein paar DVDs ansehen.« In Wirklichkeit wollten wir ins Kino gehen und danach weiter in den Club.

Mein Vater ließ sein Brot, von dem er gerade hatte abbeißen wollen, zurück auf den Teller fallen. »Was, du gehst schon wieder weg? Wir sehen dich ja kaum noch. Dauernd bist du unterwegs.«

Dasselbe hätte ich ihm vorwerfen können. Seit er einen neuen Großauftrag angenommen hatte, vergrub er sich noch mehr in seiner Arbeit als sonst. Heute hatte er wohl ausnahmsweise wieder seinen Familiensinn entdeckt.

»Ich muss mal abschalten vom Lernen«, behauptete ich, obwohl ich noch nie so wenig gelernt hatte wie in den vergangenen Wochen.

Sofort hakte meine Mutter ein: »Du lernst wirklich zu viel! Du hast ja schon Ringe unter den Augen.«

Mein Vater lächelte. »Das ist sicher wegen des Stipendiums, oder? Du brauchst dich nicht verrückt zu machen, Kira, du wirst es bestimmt bekommen, wenn du es willst.«

»Hast du dich eigentlich schon entschieden?«, fragte meine Mutter. »Denk dran, die Frist läuft bald ab.«

Typisch, sie machte natürlich gleich wieder Druck. »Nein«, antwortete ich kurz angebunden, »ich hab mich noch nicht entschieden.«

»Schon gut«, sagte meine Mutter. Dann wechselte sie plötzlich das Thema: »Diese Sofie kenne ich ja noch gar nicht, und deinen Jannis hab ich auch nur einmal kurz gesehen. Willst du die beiden nicht mal zu uns einladen?«

Das hatte mir gerade noch gefehlt. Trotzdem sagte ich: »Ja, vielleicht«, damit sie zufrieden war.

»Wir könnten ja auch mal alle zusammen essen gehen«, schlug mein Vater vor.

Die Idee war noch übler. »Ich weiß nicht ...«, sagte ich.

Meine Mutter warf meinem Vater einen spöttischen Blick zu. »Bei deinem vollen Terminkalender sehe ich da schwarz.«

»Du hast recht«, sagte mein Vater, und damit war das Thema zum Glück vom Tisch.

»Kann ich schon aufstehen?«, fragte ich.

Meine Mutter musterte das halbe Brot auf meinem Teller und seufzte. »Wenn du wegmusst ...«

Schnell sprang ich auf und lief hoch in mein Zimmer, um mich zu stylen – mehr für mich selbst als für Jannis. Seit unserem Streit hatten wir uns immer noch nicht ausgesprochen, und offen gestanden hatte ich auch keine große Lust dazu.

»Komm, lass uns erst mal zusammen abhängen«, sagte ich und lotste Leon in Richtung Chill-out-Area. Diesmal hatte ich dafür gesorgt, dass er und nicht Jannis mich am Türsteher vorbeischmuggelte.

Leon warf einen sehnsüchtigen Blick zur Tanzfläche hinüber. »Ich weiß nicht, eigentlich wollte ich lieber gleich abtanzen.«

»Das kannst du später immer noch«, sagte ich und drückte ihn in einen Sessel. Vorhin hatte ich auf dem Klo meine Pille und eine Nase Speed genommen, aber die Wirkung ließ mal wieder auf sich warten.

Bei Leon setzte sie schon ein. Er bekam glänzende Augen und wurde gesprächig. »Du bist echt das tollste Mädchen, das ich kenne, Kira. Ich versteh mich so gut mit dir. Nicht, dass du das jetzt falsch verstehst, ich meine, du weißt schon ... äh ...« Er verhedderte sich in seinem Satz.

»Ja, was weiß ich?«, fragte ich nach, während ich mich nach Jannis umsah. Im Gegensatz zu Sofie, Esther und Kathrin tanzte er noch nicht, sondern ließ sich an der Bar mit Jägermeister volllaufen. In letzter Zeit trank er immer mehr, zusätzlich zu den anderen Drogen. Ich hasste es, wenn er betrunken war.

Inzwischen hatte Leon den Anschluss an seinen Satz gefunden. »Also, was ich sagen wollte ... mit dir kann ich echt gut reden, wie mit einem Freund, da ist einfach alles klar. Du willst nichts von mir, und ich will nichts von dir ... ist das nicht supergenial?«

»Ja, supergenial«, wiederholte ich.

Da drehte sich Jannis zu mir um und prostete mir mit seinem vierten Jägermeister zu. Ich tat so, als hätte ich es nicht gesehen.

»Komm, lass uns tanzen!«, sagte ich zu Leon.

Der schüttelte verwundert den Kopf. »Ich dachte, du willst nicht ...«

»Jetzt will ich aber«, sagte ich. Tanzen war tausendmal besser, als Jannis dabei zuzusehen, wie er immer betrunkener wurde.

Wir gingen zu Sofie, Esther und Kathrin auf die Tanzfläche. Ich schloss die Augen und versuchte loszulassen. Langsam spürte ich, wie endlich die Wirkung kam. Meine Beine wollten loslegen, meine Arme wollten loslegen. Jede Faser meines Körpers brauchte die Bewegung. Ich gab dem Drang nach, aber es machte keinen Spaß. Ich fühlte mich wie ein aufgezogenes Blechspielzeug, das sinnlos im Kreis rotierte. Was machte ich eigentlich hier? Tanzen, klar, zusammen mit meinen Freunden. Ich machte die Augen wieder auf. Kathrin und Esther strahlten mich an, aber aus Sofies Augen starrte mich die gleiche Leere an, die ich auch in mir spürte.

»Hey, lach doch mal!«, brüllte ich ihr ins Ohr.

Sie verzog den Mund, brachte jedoch nur ein gequältes Lächeln zustande. Ich lächelte zurück, und wir tanzten weiter und weiter.

Da spürte ich plötzlich eine schwere Hand auf meiner Schulter. »Hallihallo!«, rief Jannis. »Da bin ich, meine Süße.«

Er hatte jetzt schon eine eklige Fahne. Ich ging auf Abstand, doch er wollte unbedingt den Arm um mich legen und mich küssen.

»Lass mich!«, sagte ich und befreite mich aus seiner Umklammerung.

Er zuckte mit den Schultern und lachte nur. Dann schlang er die Arme um Esther. Esther gefiel es. Glücklich schmiegte sie sich an seine Brust.

Da wollte ich nur noch weg, weg von ihm und weg von Esther. Ich stolperte von der Tanzfläche und ging aufs Klo. Auf einmal war ich stocknüchtern, spürte überhaupt nichts mehr von meiner Pille. Ich zog die Lippen nach, zog den Kajal nach, quatschte mit irgendwelchen Mädchen, die ich kaum kannte, schlug die Zeit tot. Irgendwann ging ich zur Bar und bestellte mir eine Cola.

Eine Weile sah ich absichtlich nicht hin, doch dann wanderte mein Blick wie unter Zwang zurück zur Tanzfläche. Jannis und Esther hatten sich voneinander gelöst. Jannis tanzte jetzt wie ein Besessener, warf seinen Kopf herum, schleuderte seine Arme nach oben. Der Schweiß rann ihm in Strömen übers Gesicht, aber er schien es nicht zu merken. Er tanzte, tanzte, tanzte. Glücklich sah er nicht aus.

Wann war ich eigentlich das letzte Mal glücklich gewesen? Ich konnte mich nicht mehr daran erinnern. Und waren die anderen glücklich? Ich beobachtete Esther, Kathrin, Sofie und Leon beim Tanzen. Sofies Bewegungen wirkten verkrampft. Die anderen schienen ihren Spaß zu haben, wenigstens für drei, vier Stunden, bis der nächste Kater kam ...

Ich nippte an meiner Cola. Sie schmeckte schal und viel zu süß. Was machte ich eigentlich hier?

Da sprach mich der Typ hinter der Bar an. »Na, wie geht's?«

Ich nickte. »Gut.«

Er schien es als Aufforderung zu verstehen und verwickelte mich in ein Gespräch. Ich hörte nur mit halbem Ohr zu und beobachtete wieder Jannis. Er tanzte immer noch wie verrückt. Sein T-Shirt war längst nass geschwitzt. Seine Haare hingen ihm in Strähnen in die Stirn. Er war knallrot im Gesicht. Lange würde er das Tempo nicht mehr durchhalten. In dem Moment, als ich das dachte, klappte er plötzlich in sich zusammen, einfach so, wie ein Taschenmesser.

Ich machte den Mund auf, wollte schreien, aber es kam kein einziger Ton heraus.

Ich konnte Jannis nicht mehr sehen, zu viele Leute waren um ihn herum. Ich musste zu ihm, jetzt! Ich lief los. Meine Knie gaben nach, ich achtete nicht darauf, lief weiter, boxte mich durch die Menge, bis ich endlich bei ihm war.

Nur ein kleiner freier Kreis hatte sich um ihn gebildet. Die meisten hatten gar nicht gemerkt, dass er umgekippt war, und tanzten einfach weiter. Kathrin, Leon, Esther und Sofie tanzten nicht. Sie standen da und starrten auf den leblosen Körper am Boden.

Panik schnürte mir die Kehle zu. Wieder wollte ich schreien, es kam aber nur ein heiseres Krächzen heraus. Dann hörte ich mich wie aus weiter Ferne rufen: »Wir müssen ihn rausbringen.«

Leon blieb wie angewurzelt stehen. Ich rammte ihm den Ellbogen in die Rippen. »Hörst du nicht? Wir müssen ihn rausbringen!«

Endlich reagierte er und packte Jannis an den Schultern. Ich half ihm dabei. Gemeinsam versuchten wir, Jannis hochzuhieven. Er war unglaublich schwer.

»Packt doch auch mit an!«, rief ich Esther, Sofie und Kathrin zu.

Sofie nickte. Mit vereinten Kräften schafften wir es schließlich, Jannis vom Boden zu bekommen, ihm unter die Achseln zu greifen und ihn von der Tanzfläche zu schieben. Er hatte die Augen geschlossen und stöhnte, aber seine Beine liefen irgendwie mit. Die Meter bis zur Chill-out-Area kamen mir endlos vor. Als wir endlich dort waren und Jannis in einen Sessel gesetzt hatten, lief mir der Schweiß über die Stirn.

Ich beugte mich zu ihm hinunter und rief: »Jannis, hörst du mich?«

Langsam schlug er die Augen auf und murmelte: »Alles klar, meine Süße. Mir geht's super!«

Ich glaubte ihm kein Wort. Sein Kopf war immer noch knallrot, er schwitzte stark, und seine Augen irrten hin und her.

»Das wird schon wieder«, sagte Kathrin. »Ist bestimmt halb so wild.«

Ich starrte sie wütend an. »Was redest du da? Ihm geht's beschissen.«

»Er braucht Wasser«, sagte Sofie und lief auch schon los, um welches zu holen.

Esther strich Jannis über den Kopf. »Mensch, was machst du denn für Sachen?«

»Alles klar, mir geht's super!«, wiederholte Jannis wie eine CD, die sich aufgehängt hatte.

Ich griff nach seiner Hand und drückte sie. Erschrocken ließ ich sie wieder los. Sie war total heiß, und sein Puls raste.

Da kam Sofie mit dem Wasser zurück. »Hier, trink was, Jannis!«

Er griff nach dem Glas und setzte es an die Lippen, aber seine Hände zitterten so sehr, dass er die Hälfte davon verschüttete. Ich stützte ihn, so gut es ging. Nach ein paar

Schlucken schob er das Glas weg und lallte: »Ich glaub, ich muss kotzen.«

»Iiieh!«, kreischte Esther, und Leon wich zwei Schritte zurück.

Ich packte Leon am Arm. »Bleib hier! Du musst mit ihm aufs Klo gehen.«

Leon schien nicht gerade begeistert. Trotzdem griff er Jannis, der gerade versuchte, alleine aufzustehen, unter den Arm. Die beiden schwankten in Richtung Klo und verschwanden darin.

»Was sollen wir denn jetzt machen?«, fragte Esther hilflos.

Kathrin zuckte mit den Schultern. »Nichts. Er kotzt, und hinterher geht's ihm wieder gut. Das ist mir auch schon mal passiert.«

Langsam wurde ich richtig sauer auf sie. »Du spinnst doch! Wir müssen ihm helfen.«

Sofie nickte. »Kira hat recht. Wir müssen einen Notarzt rufen.«

»Bloß nicht!«, sagte Esther. »Der stellt doch bestimmt lauter doofe Fragen.«

»Quatsch!«, sagte ich. »Ärzte haben Schweigepflicht.«

»Jetzt lass uns doch erst mal abwarten, wie es ihm geht«, sagte Kathrin.

In dem Moment kamen Jannis und Leon aus dem Klo zurück. Auf den ersten Blick sah ich, dass es Jannis noch genauso beschissen ging wie vorher. Da wartete ich nicht länger und holte mein Handy aus der Tasche. »Ich ruf jetzt den Notarzt!«

Keiner widersprach, und Jannis, der wieder in seinen

Sessel gesunken war, lallte nur: »Alles klar, mir geht's super!«

Dann ging alles ganz schnell. Fünf Minuten später war der Notarzt da und fühlte Jannis' Puls. »Was hat er genommen?«, fragte er.

Esther, Kathrin und Leon schwiegen. »Ecstasy und Speed«, sagte ich schnell.

»Und jede Menge Alkohol«, fügte Sofie hinzu.

Der Notarzt nickte. Dann brachte er Jannis zusammen mit einem Kollegen nach draußen. Als Jannis schon auf der Trage im Auto lag, fragte Sofie: »Wo bringen Sie ihn denn jetzt hin?«

Der Notarzt nannte eine Klinik, die ich nur vom Hörensagen kannte.

»Können wir ihn da besuchen?«, fragte ich.

»Vor morgen auf keinen Fall«, sagte der Notarzt. »Jetzt müssen wir erst mal sehen, ob er die Nacht übersteht.« Damit klappte er die Tür hinter Jannis zu, und kurz darauf brauste der Krankenwagen mit Blaulicht und Sirene davon.

Ich starrte ihm nach und ballte meine Hände in den Hosentaschen zu Fäusten. Dabei kreiste in meinem Kopf ein einziger Gedanke: Das halt ich nicht aus, das halt ich nicht aus!

Da spürte ich in meiner Tasche eine Pille, die ich mir auf Vorrat besorgt hatte. Ecstasy soll man nie nehmen, wenn man schlecht drauf ist. In diesem Augenblick war mir das so was von egal.

Nacht endlich Nacht nichts mehr sehen nichts hören nicht fühlen nur fallen ganz tief hinab immer tiefer ins Dunkle schwarze Nacht nimm mich auf nur noch schlafen mein Bett so schön weich was ist das jetzt nein lasst mich los ich will nicht wo schleppt ihr mich hin Hilfe will schlafen so grell hier das Licht wo bin ich Wände aus Glas lauter Mauern so hoch weißgelbrot wie es flirrt meine Ohren es dröhnt Hilfe allein ganz allein hier nur die Mauern aus Glas muss weiter bloß raus hier suchen den Ausgang Mauern und Wände so viele Wege Abzweigungen nirgendwo Glück hört das nie auf da vorne endlich die Tür endlich frei von wegen Wände aus Glas überall Käfig aus Glas Horrorkabinett will raus hier trommeln wer kommt da Schritte wie sie dröhnen Menschen lauter Menschen immer näher ihre Nasen platt gegen das Glas starrt mich nicht so an was wollt ihr Amelie Nico ihr auch hier Finger zeigen auf mich wir hassen dich Kira hassen dich hassen dich Papa Mama was starrt ihr denn so meine Kleine so enttäuscht hätte nie gedacht vergiss es nichts wert hab dich nie gewollt nie gewollt sieh selber das hast du davon nein ich will nicht Klavier spielen du übst jetzt Tonleitern Kadenzen Tonleitern meine Finger ganz rot es tropft wie sie bluten du übst jetzt ewig für immer nein ich will nicht Jannis endlich hilf mir doch Jannis was machst du deine Arme sie schweben davon deine Beine dein Kopf Teile im All sie treiben bleib hier bitte nicht lös dich nicht auf bitte bleib immer schwächer verschwunden was ist jetzt meine Arme spür sie nicht mehr fliegen weg meine Beine mein Kopf kann ihn nicht halten jetzt ist es so weit schwarzer Mann bist du der Tod ja ich bin's es ist aus Kira aus und vorbei.

13. Kapitel

Kiras Freund Leon

Ich war in Kira verliebt, die ganze Zeit. Ich hab mich nur nicht getraut, es ihr zu sagen, obwohl ich das wollte. Normalerweise schaffe ich es auch zu reden, wenn ich Ecstasy nehme. Dann kann ich Dinge aussprechen, die ich sonst niemals über die Lippen bringen würde. Als ich mir ganz fest vorgenommen hatte, es ihr zu sagen, hab ich sie plötzlich mit Jannis gesehen, in der Ecke, wie sie geknutscht haben. Das hat so wehgetan. Ich musste noch eine Pille nachwerfen, um es zu ertragen. Es ist immer dasselbe: Jannis hat Glück bei den Mädchen. Er sieht nicht besonders gut aus, aber er kriegt jedes Mädchen rum, das er haben will, mit seinem Charme, seinen Witzen. Warum musste er sich ausgerechnet Kira aussuchen? Jede andere hätte ich ihm gegönnt: Esther, Sofie, Kathrin, egal. Aber nein, es musste unbedingt Kira sein. Ich hab versucht, mich zu entlieben, aber ich hab es einfach nicht geschafft. Bis heute vermisse ich Kira. Sie fehlt mir so sehr. Ob sie mich auch vermisst? Ich hab keine Ahnung. Ich hab nicht mehr mit ihr gesprochen. Und sie weiß ja nichts von meinen Gefühlen, wird es nie erfahren. Wahrscheinlich ist es auch besser so.

Ich weiß nicht mehr, wie ich in dieser schrecklichen Nacht nach Hause gekommen war. Eigentlich hatte ich ja bei Sofie übernachten wollen, aber das ging nicht, ich musste alleine sein. Ich war durch die Straßen gelaufen, gestolpert, halb wach und halb immer noch gefangen in den grauenvollen Bildern des bad trips. Irgendwann stand ich dann plötzlich vor der Haustür.

Beim dritten Versuch schaffte ich es, den Schlüssel ins Schloss zu bekommen. Als ich ihn herumdrehte und die Tür aufmachte, stand mein Vater vor mir.

»Kira, hast du mich erschreckt, ich dachte, es wäre ein Einbrecher …« Mitten im Satz blieb er stecken und starrte mich an. »Kira! Um Himmels willen, wie siehst du denn aus? Und wo kommst du jetzt her, mitten in der Nacht?«

»Wo ich herkomme?«, sagte ich. »Aus der Hölle.«

»Kira!«, rief er, dann nahm er mich fest in die Arme.

Ich ließ mich fallen. Fiel noch mal in die Tiefe, ins Dunkel. Spürte kaum, dass mich mein Vater in die Küche schleifte und auf einen Stuhl setzte. Dass er Kaffee aufsetzte und mir eine dampfende Tasse unter die Nase hielt. Ich nahm sie mit zitternden, eiskalten Fingern und spürte die Wärme nicht einmal.

Als ich die Augen wieder aufmachte, saßen mein Vater und meine Mutter vor mir. Meine Mutter war so bleich wie ihr Nachthemd.

»Was ist passiert, Kira?«, flüsterte meine Mutter. »Sag uns sofort, was passiert ist! Hattest du einen Unfall? Bist du überfallen worden?«

Ich schüttelte den Kopf, nahm einen Schluck Kaffee und verbrannte mir die Zunge.

»Bitte, Kira, rede endlich!«, sagte mein Vater.

Ich sah die beiden an und wusste nicht, wie ich anfangen sollte. Es kam mir vor, als hätte ich Jahre nicht mehr mit ihnen gesprochen. Dann fing ich irgendwo an, und schon beim ersten Satz spürte ich, dass ich nicht lügen konnte. Ich hatte keine Kraft mehr dazu. Ich wollte nicht mehr lügen, nie mehr.

»Ich war heute nicht bei Sofie«, sagte ich. »Ich war mit ihr, Jannis und ein paar anderen in einem Club. Wir haben Ecstasy genommen …«

»Ecstasy?« Meine Mutter schlug sich mit der Hand vor den Mund.

Mein Vater stöhnte leise auf.

Ich redete weiter, so schnell wie möglich, damit sie mich nicht unterbrechen konnten. Ich erzählte alles, von Anfang an. Wie ich auf Esthers Party gewesen war, wie ich das erste Mal Ecstasy genommen hatte und dann Speed und so weiter, und schließlich erzählte ich auch von der Sache mit Jannis, von seinem Zusammenbruch.

»Und der Arzt weiß nicht, ob er … ob er die Nacht überstehen wird!« Die letzten Worte brachte ich kaum mehr heraus.

Meine Eltern hörten mir zu. Ihre Augen wurden immer größer und größer. Als ich zu Ende erzählt hatte, schwiegen sie.

Dann platzte mein Vater heraus: »Du musst sofort damit aufhören, Kira! Du darfst nie wieder Drogen nehmen, nie mehr!« Seine Stimme war laut geworden.

Ich hielt mir die Ohren zu. »Ich kann aber nicht aufhören, ich kann nicht!«

»Lass sie!«, sagte meine Mutter. »Sie ist doch völlig durcheinander.«

Plötzlich musste ich schluchzen. Die ganze Verzweiflung der letzten Wochen brach aus mir heraus.

»Ist ja gut, ist ja gut«, sagte meine Mutter und strich mir über den Kopf.

»Gar nichts ist gut!«, brüllte mein Vater. »Unsere Tochter nimmt Drogen, und du behauptest, alles ist gut?«

Da hielt ich es nicht mehr aus. Ich sprang auf und rannte die Treppe hoch.

Oben auf dem Absatz stand Jessie, völlig verschlafen und mit zerzausten Haaren. »Was ist denn hier los?«

»Nichts!«, rief ich und rannte an ihr vorbei.

Ich wollte keinen mehr sehen und keinen mehr hören. Heulend warf ich mich aufs Bett. Warum konnte ich nicht in die Dunkelheit fallen, in einen abgrundtiefen Schlaf, aus dem ich nicht mehr aufwachen musste? Warum war ich so wach, so wach, so wach???

Die ganze Nacht und den halben Morgen wälzte ich mich schlaflos im Bett herum. Dauernd musste ich an Jannis denken: sein gerötetes Gesicht, seinen rasenden Puls, wie er gelallt hatte.

Irgendwann am Morgen döste ich dann doch ein. Ich hatte keine Ahnung, wie lange ich geschlafen hatte, ob drei Minuten oder drei Stunden, aber als ich wieder die Augen aufschlug, zitterte ich am ganzen Körper. Mir war gleichzeitig heiß und eiskalt, und auf meiner Stirn standen Schweißperlen. Ich versuchte mich aufzurichten, aber mein Kopf dröhnte so sehr, dass ich es gleich wieder aufgab.

»Bleib liegen«, sagte meine Mutter. »Du hast Fieber.«

Ich blinzelte ins grelle Licht. Meine Mutter saß auf einem Stuhl neben meinem Bett und sah mich ruhig an.

»Wie lange bist du schon hier?«, fragte ich.

»Seit ein paar Stunden«, sagte sie. Dann legte sie mir ein feuchtes Tuch auf die Stirn. Ich sank in die Kissen zurück und stöhnte. Das kalte Tuch war ein Schock für meinen heißen Kopf, aber trotzdem tat es gut.

Ich spürte, wie ich wieder halb wegdämmerte, doch plötzlich fiel mir etwas ein, das mich sofort wach rüttelte. »Ich muss zu Jannis! Ich muss wissen, wie es ihm geht.«

Meine Mutter drückte mich wieder sanft in die Kissen. »Jetzt nicht! Du hast Fieber, du kannst nicht aufstehen.«

Ich vergrub meinen Kopf in den Händen und merkte, dass mir alles wehtat: die Arme, Beine, alle Glieder. Verzweifelt wickelte ich mich in meine Decke und warf einen Blick auf den Wecker auf dem Nachttisch. Schon vier Uhr! Dann entdeckte ich neben dem Wecker eine Duftlampe, die einen schwachen Orangenduft verströmte.

Meine Mutter war meinem Blick gefolgt und lächelte. »Die hat Jessie dir hingestellt.«

»Ach, Jessie …«, murmelte ich. Das letzte Mal, dass Jessie mir freiwillig etwas geliehen hatte, war ewig her. Früher als Kinder hatten wir alles geteilt. Als Kinder …

Während ich noch darüber nachdachte, kam mein Vater herein.

»Na, Kira, wie geht's dir?« Er hatte ein angestrengtes Lächeln aufgesetzt und sprach betont fröhlich.

»Alles klar, mir geht's super«, wiederholte ich Jannis' Worte.

Mein Vater nickte. »Schön, das ist schön ... Ich habe gerade im Internet recherchiert, über Ecstasy und Speed und so. Ich musste mich ja erst mal schlau machen. Kira, das sind sehr gefährliche Drogen, die oft unterschätzt werden. Die Risiken sind enorm. Jede Pille, die du nimmst, kann dich töten. Weißt du das?«

Er redete wie damals unser Lehrer in der Schule: rein theoretisch. Er hatte doch keine Ahnung, wovon er sprach. Was konnte er mir schon erzählen?

Ich beschloss, ihn zu ignorieren.

Da packte er mich an der Schulter. »Kira, wie konntest du uns bloß so was antun? Wieso?«

Ich schüttelte seine Hand ab. »Wieso, wieso? Keine Ahnung, wieso!«

»Lass sie!«, sagte meine Mutter. »Du siehst doch, dass sie Fieber hat. Sie muss erst mal gesund werden, später können wir immer noch reden.«

»Später, später!«, stöhnte mein Vater. »Dann ist es vielleicht zu spät. Es gibt inzwischen sehr gute Therapieangebote. Ganz in der Nähe ist eine Suchtklinik, die hat sich auf Partydrogen spezialisiert. Ich kann dir dort einen Platz organisieren, einer der Ärzte ist ein alter Schulfreund von mir.«

»Ich will aber nicht in die Klinik!«, rief ich. Dann bekam ich einen schrecklichen Hustenanfall.

Meine Mutter stand auf und sagte leise etwas zu meinem Vater.

Der knurrte: »Wozu hab ich mir eigentlich die ganze

Arbeit gemacht? Als ob ich sonst nichts zu tun hätte.« Mit diesen Worten ging er wütend raus.

Ich spürte, wie mir Tränen in der Kehle hochstiegen. Ein Mal funktionierte ich nicht, und schon war mein Vater sauer. Klar, ich brachte ja auch seinen perfekten Arbeitsplan durcheinander!

»Versuch ein bisschen zu schlafen«, sagte meine Mutter. »Ich sorge dafür, dass dich keiner stört.«

Ich schluckte die Tränen hinunter und nickte. Dann machte ich die Augen zu, obwohl ich jetzt garantiert nicht einschlafen konnte.

Leise ging meine Mutter zur Tür. »Ich bin nebenan, falls du etwas brauchst. Auch wenn du reden willst, okay? Du kannst immer mit mir reden, jederzeit.«

Ich antwortete nicht und drehte mich zur Wand. Warum ließen sie mich nicht einfach in Ruhe?

Den restlichen Sonntag und den ganzen Montag verbrachte ich im Bett. Meine Mutter kam und ging. Dazwischen war auch mal Jessie da, aber ich bekam es kaum mit, weil ich von einem Fiebertraum in den nächsten fiel. Dann endlich, am Montagabend, ließ das Fieber nach.

Als meine Mutter wieder mal reinkam, sagte ich zu ihr: »Mir geht's viel besser. Morgen muss ich zu Jannis!«

Meine Mutter schüttelte den Kopf. »Das ist keine gute Idee, du könntest ihn anstecken. Aber ich kann gern im Krankenhaus anrufen und mich nach ihm erkundigen.«

Fünf Minuten später kam sie zurück und lächelte. »Es geht ihm wieder besser. Die Ärzte meinen, er hat gerade noch mal Glück gehabt. Seine inneren Organe waren kurz davor, zu kollabieren. Morgen soll er nach Hause kommen.«

Mein Herz machte einen Sprung: Jannis hatte es überstanden! So bald ich konnte, würde ich ihn wiedersehen. Mit diesem Gedanken schlief ich kurz darauf ein.

Dreimal war ich jetzt schon um Jannis' Haus geschlichen und hatte immer wieder einen Bogen um die Klingel gemacht. Ein Teil von mir konnte es kaum erwarten, ihn zu sehen und endlich zu erfahren, wie es ihm ging. Aber ein anderer Teil von mir hatte eine Wahnsinnsangst davor.

Vielleicht war es das Speed, das mich schließlich dazu brachte, meine Angst zu überwinden. Mit zitternden Fingern drückte ich auf die Klingel. Lange rührte sich nichts. Dann ging der Summer. Ich drückte die Tür auf und stieg die kalten Steinstufen hinauf. Nur ein Mal war ich hier gewesen, als ich Jannis abgeholt hatte, aber da war er mir schon auf der Treppe entgegengekommen. Auf einmal wurde mir klar, dass ich so gut wie gar nichts von ihm wusste: wie er lebte, wie seine Mutter war, die ihn alleine großgezogen hatte, nachdem sein Vater gestorben war.

Ein schwacher Lichtschein fiel aus der halb offenen Wohnungstür im zweiten Stock. Vorsichtig drückte ich sie ganz auf.

Der Flur war leer, aber aus der Küche hörte ich jemanden telefonieren. Dann rief eine Stimme: »Jannis ist in seinem Zimmer, erste Tür rechts.« Das musste seine Mutter sein, die gleich danach weitertelefonierte.

Ich drückte die Hand auf die Klinke. Jetzt gab es kein Zurück mehr. Jannis' Zimmer war ziemlich dunkel, er hatte den Vorhang zugezogen und saß auf dem Bett. Nur die Nachttischlampe neben ihm brannte. Trotz Dunkelheit sah ich sofort, dass er ganz bleich war und seine Augen gerötet waren. Noch nie hatte ich ihn so fertig gesehen.

»Hallo, Jannis!«, sagte ich leise.

Er hob den Kopf und sah mich mit leeren Augen an. »Hallo ... Kira.«

Die Worte kamen stockend aus seinem Mund, offenbar hatte er Mühe zu sprechen.

Ich rückte einen Stuhl vors Bett. »Ich war krank und hatte Fieber. Deswegen konnte ich leider nicht früher kommen. Aber ich hab an dich gedacht, die ganze Zeit.«

Jannis nickte. »Die ganze Zeit ... wann war das noch ... die Nacht im Club ... alles klar, oder? Mir geht's super ... Man kommt nur so verdammt schwer rein ...« Er lachte plötzlich. »Die haben da so ko...komisches Zeug im Supermarkt ...«

Ich starrte ihn an. Wovon redete er eigentlich?

»Bist du wieder ganz gesund, Jannis? Was haben die Ärzte gesagt?«

Jannis griff nach einer Wolldecke und strich die Fransen glatt, immer und immer wieder. »Die Ärzte! Die sind gut. Hab Glück gehabt, sagen die. Alles wieder okay, nur ... Manchmal fallen mir Sachen nicht ein. Quatsch, ist auch egal!«

Er hatte Gedächtnisstörungen, und es war ihm egal?

Plötzlich sprang Jannis auf und wanderte im Zimmer auf und ab, wie ein Tiger im Käfig. »Die Ärzte sind echt super … super Ärzte … zu denen solltest du auch mal … Mann, wenn ich nur schlafen könnte!«

Ich beobachtete ihn, und auf einmal wurde mir ganz schlecht. Es kam mir vor, als würde ich in einen Spiegel sehen. Es hatte Jannis erwischt, aber genauso gut hätte es mich erwischen können! Ich hatte bis jetzt einfach nur verdammtes Glück gehabt. Ich musste von dem Zeug runterkommen, aber erst mal musste ich noch etwas anderes tun.

»Jannis«, sagte ich leise. »Ich glaube, es ist besser, wenn wir uns trennen. Ich meine, du und ich als Paar, das ist, glaub ich, nicht mehr so gut. Natürlich können wie Freunde bleiben, und ich werde dich auch besuchen, wenn du willst.«

Jannis drehte sich zu mir um. Er war nicht geschockt, er war nicht verzweifelt, er war ganz ruhig. »Trennen?«, sagte er. »Kein Problem, Kira. Jetzt muss ich aber mal in die Küche … meine Mutter, die telefoniert die ganze Zeit … Gleich fängt die Schule an …« Er ging an mir vorbei, ohne sich von mir zu verabschieden, und verschwand in Richtung Küche.

Ich stolperte in den Flur, zog die Haustür hinter mir zu und lehnte meinen heißen Kopf gegen die Wand. Es war vorbei, vorbei, vorbei! Ich wartete auf die Tränen, aber es kamen keine. Ich fühlte mich nur leer, so leer und ausgebrannt wie noch nie in meinem Leben.

14. Kapitel

Kiras Freund Jannis

Kira? Ja, die war süß! Wie sie so dastand im Keller ... war es bei Esther? Ja, ich glaub schon. Sie war irgendwie ... verlaufen, nein, ich meine verloren. Ich mochte sie gleich. Und Leon war auch total in sie ... ich hab's gemerkt. Ja, das hab ich genau gemerkt! Aber ich hab sie bekommen, ich. Wir waren so ... richtig glücklich. Musste endlich nicht mehr suchen. Hatte keinen Bock mehr auf das Ganze. Meine Mutter, die ... Das hab ich Kira nie erzählt. Jannis, Jannis, Jannis, von früh bis spät, den ganzen Tag. Totale Glucke. Wer hält das aus? Wer soll das aushalten, hey? Jetzt ist sie auch dauernd da, will immer helfen. Dabei geht's mir super, alles klar? Ich schaff das. Ich komm da raus. Das Leben ist so spannend. Ein Dschungel ... tausend Wege und Abzweigungen. Das Glück ist ... ganz nah, ich hol es mir. Ja, ich fang es ein mit meinem Lasso. Und dann wird alles gut ... alles wird gut. Ihr werdet es schon noch sehen. Alle werdet ihr es ... sehen!

Womm, womm, womm!

Ich stand direkt neben dem Lautsprecher im Club und dröhnte mich mit den Bässen zu. Esther, Kathrin, Sofie und

Leon standen um mich herum, jeder ein Bier in der Hand, mit glänzenden XTC-Augen. Glanz, der sich in meinen eigenen XTC-Augen spiegelte.

Alles war wie früher. Nichts war wie früher. Wir waren nur noch fünf, Jannis fehlte. Er war immer noch verwirrt und hatte diese Aussetzer. Seit Neuestem hatte er auch noch Panikattacken und traute sich nicht mal aus der Wohnung.

»Geile Musik, was?«, brüllte Leon gegen den Lärmpegel an.

Kathrin streckte die Hände zur Decke. »Yeah!«

Wie konnte sie nur so tun, als ob nichts gewesen wäre? Als ob Jannis' Absturz nie passiert wäre?

Esther legte den Arm um Kathrin und lachte, wiegte ihren Körper hin und her zum Beat der Bässe. Sie war genauso schlimm wie Kathrin, wenn nicht sogar noch schlimmer. Warum hatte ich mich bloß von den beiden überreden lassen, mitzugehen? Im Grunde wusste ich es genau. Weil ich es nicht aushielt zu Hause, die ständigen Vorwürfe meines Vaters, die stummen Blicke meiner Mutter, die Hilflosigkeit meiner Schwester. Und diese schreckliche Leere ohne Jannis.

»Kommt, lasst uns tanzen!«, rief Leon.

»Jaa!«, brüllten Esther und Kathrin.

Ich schüttelte den Kopf. Sie versuchten gar nicht erst, mich zu überreden. Wahrscheinlich waren sie froh, mich loszuwerden, wollten sich von meiner schlechten Laune nicht anstecken lassen.

Nur Sofie blieb bei mir. »Willst du raus? Frische Luft?«, brüllte sie in mein Ohr.

»Nein!«

Sie meinte es gut und wollte mich aufmuntern, aber ich hatte keine Lust auf ihr Gequatsche von Karma und Seelenfamilie. Sofie zuckte mit den Schultern und verschwand.

Ich nippte an meinem Bier und beobachtete die Leute. Die meisten waren gut drauf, strahlten und lachten. Bis auf ein paar, die zu viel Alkohol erwischt hatten und kurz davor waren, eine Schlägerei anzufangen. Im letzten Moment ging die Security dazwischen, und alles löste sich wieder in schöne heile Welt auf.

Auf einmal kam mir das Ganze wie eine billige Kulisse in einem schlechten Film vor. Jeder spielte bloß seine Rolle. In Wirklichkeit war nichts real, weder die tolle Party noch die gut gelaunten Menschen. Hinter der Kulisse bröckelte es, und hinter den lächelnden Gesichtern klafften dunkle Löcher, Löcher voller Einsamkeit, tödlicher Langeweile und Leere.

Die Leere schwappte hinüber zu mir, füllte meinen Körper aus, vom Kopf bis zu den Zehen. Plötzlich tat mir wieder alles weh. Stöhnend stützte ich die Hände in die Hüften. Meine Nieren taten weh. Sie schmerzten schon länger, aber ich hatte es bis jetzt immer ignoriert. Vielleicht wurde es besser, wenn ich aufs Klo ging.

Ich schob mich an den Leuten vorbei zum Gang. Auf halbem Weg zum Mädchenklo stutzte ich. Der Gang war in der Mitte durch einen runden Tisch versperrt.

Ein Typ mit kurzen, roten Haaren stand hinter dem Tisch und lächelte mir zu. »Hallo, ich bin Ben! Ich arbeite für eine Drogenberatungsstelle. Möchtest du dir mal unseren Prospekt durchlesen?«

Ich zögerte. »Du hast doch nichts mit der Polizei zu tun, oder?«

Ben lachte. »Nein, keine Panik! Ich bin nur da, um mit den Leuten zu reden und ein paar Tipps zu geben, vor allem, was Safer Use von Drogen angeht. Die Safer-Use-Regeln stehen übrigens auch in dem Prospekt drin.«

Weil er mir das kleine Heft immer noch hinhielt, nahm ich es schließlich und blätterte darin herum, ohne es wirklich zu lesen.

»Du kannst den Prospekt natürlich auch morgen lesen, wenn du nicht mehr drauf bist«, sagte Ben.

Ich starrte ihn an. »Woher weißt du, dass ich drauf bin?«

»Weil ich weiß, wie sich das anfühlt«, antwortete Ben. »Ich war selber mal abhängig. Hab alles genommen, was ich kriegen konnte: Ecstasy, Speed, LSD, Kokain, das volle Programm.«

Ich schluckte. »Echt?«

»Echt!«, sagte Ben.

Plötzlich brannte mir eine Frage auf der Zunge. »Wie hast du es denn geschafft, wieder loszukommen? Ich will nämlich selber ... ich meine ... ich will auch aufhören, aber ich weiß nicht, wie.«

»Verstehe«, sagte Ben. »Wenn du magst, erzähl ich dir, wie es bei mir war.«

Ich nickte, und er fing an zu erzählen. Wie er zuerst einfach neugierig gewesen war, es ausprobieren wollte und so eine unbestimmte Sehnsucht gehabt hatte, nach dem wahren Glück. Wie er es dann auf E gespürt hatte, das wahre Glück, die Liebe zu sich selbst und zu den anderen.

Aber wie dann die Wirkung immer mehr nachgelassen hatte und er verzweifelt die Dosis erhöht hatte, immer mehr Drogen dazu genommen hatte. Bis er schließlich zusammengebrochen war und es fast nicht überlebt hätte.

Genau wie Jannis, dachte ich, genau wie er.

Ben redete weiter. Danach hatte er eine Therapie gemacht und plötzlich gemerkt, dass er dieses wahre Glück auch ohne Drogen erleben konnte: durch Sport. Er hatte angefangen, Marathon zu laufen, und das hatte ihm total geholfen. Und die Musik hatte ihm auch geholfen, vor allem das Trommeln. Jetzt war er schon seit drei Jahren clean.

Ich hörte ihm mit offenem Mund zu. Endlich war da jemand, der ganz genau wusste, wovon er sprach. Es war, als hätte er eine Tür geöffnet. Sie war nur einen Spaltbreit offen, aber ich war mir sicher, dass es hinter der Tür heller war.

»Danke!«, sagte ich, weil mir sonst nichts einfiel.

Ben lächelte. »Keine Ursache. Du kannst gern mal bei uns in der Beratungsstelle vorbeischauen oder eine E-Mail schreiben. Die Adresse steht hinten auf dem Prospekt.«

Ich steckte das Heft in meine Hosentasche und sagte wieder: »Danke!«

Irgendwann würde ich bestimmt zu dieser Beratungsstelle gehen, vielleicht sogar schon nächste Woche.

Nach dieser Nacht kam ich wieder ganz schwer runter, konnte kaum schlafen und wälzte mich im Bett herum, aber ich stürzte nicht wieder in den totalen Abgrund. Bens Worte kreisten in meinem Kopf herum: dass er gemerkt hatte, dass er das wahre Glück auch ohne Drogen erleben konnte. Stimmte das wirklich? Es hörte sich so gut an, fast schon zu gut.

Nach vielen unruhigen Stunden schlief ich endlich doch ein und hatte endlich einmal keine Albträume. Als ich aufwachte, saß wieder meine Mutter neben meinem Bett.

»Na, wie geht's dir?«, fragte sie.

Ich presste die Hände gegen meinen dröhnenden Kopf. »Nicht besonders.«

Meine Mutter hielt mir eine Tasse hin. »Vielleicht willst du Tee?«

»Ja, danke«, sagte ich. Der Tee war nur noch lauwarm und schmeckte scheußlich, aber ich hatte einen Riesendurst und trank die Tasse in einem Zug aus. Dann stellte ich sie auf dem Nachttisch ab und lauschte. Im Haus war es ungewöhnlich still. Sonst hörte Jessie immer Musik im Zimmer nebenan.

»Wo ist Jessie?«, fragte ich.

»Die ist mit Papa und Heiko in die Stadt gefahren«, antwortete meine Mutter. »Sie wollen einen Kinderwagen kaufen.«

Einen Kinderwagen! Das Wort kam mir so fremd vor. Fast hatte ich vergessen, dass Jessie überhaupt schwanger war. Wie sich das wohl anfühlte, wenn so ein kleines Wesen im Bauch heranwuchs? Ich konnte es mir absolut nicht vorstellen, genauso wenig, wie ein Baby zu haben. Auf einmal fiel mir wieder mein erster bad trip ein. Wie ich ganz allein in meinem Kinderzimmer gewesen war und nach meiner Mutter gerufen hatte, aber sie war nicht gekommen.

Ich sah meine Mutter an und räusperte mich. »Du hast doch mal gemeint, ich kann immer mit dir reden.«

»Ja«, sagte sie.

»Ich muss dir was erzählen.« Und dann erzählte ich ihr, was ich gesehen und gespürt hatte in meinem bad trip. Von der blauen Wand mit den roten Tulpen, dem Gitterbett und dem Teddy. Dass ich mich so allein gefühlt hatte und immer wieder nach ihr gerufen hatte, weil ich Hunger hatte.

»Aber du bist nicht gekommen«, sagte ich. »Und in dem Moment hab ich gedacht, du kommst nie mehr.«

Meine Mutter hörte mir mit großen Augen zu, und plötzlich fing sie an zu weinen.

»Was hast du denn?«, fragte ich. »Hab ich was Falsches gesagt?«

Sie wischte die Tränen weg und schüttelte den Kopf. »Nein, gar nicht. Ich bin ja so froh, dass du mir das erzählt hast! Ich kann es nur gar nicht glauben. Du hattest nämlich wirklich eine blaue Tapete mit roten Tulpen in deinem Kinderzimmer. Und du hattest auch einen Teddy, der aber bald so zerfetzt war, dass ich ihn weggeworfen habe.«

Plötzlich bekam ich eine Gänsehaut. Das war doch nur ein Traum gewesen, eine Halluzination, das konnte schon mal vorkommen, wenn man Ecstasy nahm. War es etwa gar kein Traum gewesen? Hatte ich etwas gesehen, das sich damals tatsächlich so ähnlich abgespielt hatte?

»Mama«, flüsterte ich. »Ist das … ist das … wirklich passiert?«

Meine Mutter sah mich traurig an, dann nickte sie. »Ich hätte es dir schon lange erzählen sollen. Als du auf die

Welt gekommen bist, war ich alleine mit dir und Jessie. Dein Vater war damals in San Francisco. Es war sein erstes Auslandsprojekt, die große Chance für ihn, und ich hab ihm sogar zugeredet, sie zu nutzen. Aber als ich dann ganz alleine mit dir und Jessie klarkommen musste, ist mir alles über den Kopf gewachsen. Du hattest ständig Hunger und hast so viel geschrien und … irgendwann konnte ich einfach nicht mehr. Ich hab dich allein in deinem Zimmer gelassen und nur alle vier Stunden gefüttert.«

Während ich ihr zuhörte, sah ich mich wieder in meinem Bettchen liegen, auf dem Rücken, ganz allein, so hilflos …

Meine Mutter redete weiter: »Ich hätte deinen Vater so gebraucht, aber er war nicht da. Ich musste alles alleine schaffen. Ich hab die Zähne zusammengebissen und es auch irgendwie geschafft. Dabei hab ich mir immer gedacht: Es hilft dir ja sowieso keiner, da musst du jetzt eben durch. Aber warum sind es immer die Frauen, die alles alleine schaffen müssen? Ich war so wütend auf deinen Vater und die Männer. Und gleichzeitig hab ich mir gewünscht, dass du ein Junge wärst. Damit du es später mal besser hast als ich …« Sie brach ab, weil sie wieder weinen musste.

Ich starrte sie an, während ihre Sätze Wort für Wort, wie in Zeitlupe, bei mir ankamen. Deshalb hatte sie sich also immer einen Jungen gewünscht, deshalb war sie so hart zu mir gewesen und hatte mich unter Druck gesetzt, in der Schule, beim Klavierspielen … Plötzlich fielen alle Schleier, und ich sah meine Mutter mit völlig neuen Augen. Zum ersten Mal überhaupt sah ich nicht nur in ihre Augen, sondern durch ihre Augen in ihr Herz.

Sie weinte immer noch. Ich wartete darauf, dass ich wütend auf sie wurde, aber da war keine Wut in mir, da war nur Traurigkeit. Ich streckte die Arme nach ihr aus und umarmte sie. Und sie umarmte mich. Und dann weinten wir beide. Weinten all die Tränen, die wir in den ganzen Jahren immer verschluckt hatten.

Es gab nur noch uns, keine Zeit, keinen Raum. Bis ich aus weiter Ferne ein Klingeln hörte. Sanft löste ich mich aus den Armen meiner Mutter. Da musste jemand an der Haustür sein.

»Haben Jessie und Papa die Schlüssel vergessen?«, fragte ich.

»Glaub ich nicht«, sagte meine Mutter. »Das ist wahrscheinlich Amelie. Ich hab sie angerufen. Sie wollte kommen, um dich zu besuchen. Natürlich nur, wenn es dir recht ist. Wenn du sie nicht sehen willst, schick ich sie wieder nach Hause.«

Amelie! Meine Freundin aus einer anderen Welt, die ich längst verlassen hatte. Mein Herz zog sich zusammen. Auf einmal vermisste ich sie ganz schrecklich.

»Nein, nein«, sagte ich, »ist schon okay.«

Da stand meine Mutter auf und schnäuzte sich in ihr Taschentuch. Unten an der Hautür klingelte es ein zweites Mal.

»Ich komm ja schon!«, rief meine Mutter und lief nach unten.

Ich sprang schnell aus dem Bett und schlüpfte in Jeans und T-Shirt. Dann schnäuzte ich mich auch und versuchte, alle Tränen aus meinem Gesicht zu wischen. Bestimmt sah ich total verheult aus. Mein Herz hämmerte wie verrückt gegen meine Brust. Warum wollte Amelie mich besuchen? Sie musste doch eigentlich furchtbar sauer auf mich sein.

Ich hatte keine Zeit mehr, darüber nachzugrübeln, denn schon klopfte es an meiner Tür.

»Komm rein!«, sagte ich.

Und da stand Amelie: mit brennenden Augen und zitterndem Mund. »Kira ... Kira! Deine Mutter hat mich angerufen. Sie ... ich wusste doch nicht ... es tut mir so leid, dass es dir nicht gut geht!«

Ich schüttelte den Kopf. »Nein, mir tut es total leid, Amelie. Ich war so gemein zu dir. Ich wollte das damals nicht zu dir sagen. Ich wollte es wirklich nicht, und es stimmt auch nicht: Ich hasse dich nicht, ich mag dich sehr, und du fehlst mir, du fehlst mir ganz schrecklich ...« Weiter kam ich nicht, weil die Tränen meine Stimme erstickten.

Amelie schluckte. »Du fehlst mir auch, Kira.« Dann ging sie auf mich zu, und ich fiel ihr wie eine Ertrinkende um den Hals.

15. Kapitel

Kira

Freiwillig hätte ich es nie zugegeben und hab es oft selbst nicht gemerkt, aber ich hab mein Leben gehasst, diesen ständigen Leistungsdruck. Immer musste ich funktionieren, immer die Beste sein: für meinen Vater, meine Mutter, meinen Klavierlehrer. Du schaffst das schon, Kira hat überhaupt keine Probleme in der Schule, sie macht das mit links. Ich hab es geschafft und hab die Zähne zusammengebissen, genau wie meine Mutter, aber es hat unglaublich viel Kraft gekostet. Und die ganze Zeit hatte ich diese Sehnsucht tief in mir drin: endlich loslassen zu können, mal nicht zu funktionieren, einfach nur da zu sein und das Glück zu spüren, Wärme und Liebe. Ecstasy war unglaublich. Damit hab ich zum ersten Mal gespürt, was es heißt, lebendig zu sein. Nein, nicht zum ersten Mal: Manchmal beim Klavierspielen hab ich es auch schon erlebt, aber immer nur kurz und lange nicht so intensiv. Ecstasy hat mir die Tür geöffnet. Aber ich hab lange nicht begriffen, dass nicht die Drogen, sondern ich selber die Tür aufgemacht habe. Und dass ich durch sie durchgehen kann und weiter, immer weiter, in mein neues Leben.

Augen zu muss nichts sehen atmen nur atmen ein aus ein aus wie es strömt mein Qi von außen nach innen von oben nach unten mein Kopf er geht auf so voll wie der Mond zarter Wind auf der Stirn drittes Auge da bist du ich spür dich weiter nach unten zum Hals er geht auf meine Brust wie warm mir doch ist Herzpunkt ich bleib jetzt bei dir atmen nur atmen ein aus ein aus wie es prickelt ist das schön mein Herz ja dehn dich aus es gibt keine Grenzen mein Herz hab dich so lieb du wärmst mich Takt meines Lebens womm womm ich spiele auf dir nur du und ich wir sind eins schwingen zusammen schwingen uns ein was ist das Töne von fern aus dem All aus dem Kosmos kommen zu mir so zart ein Lied nur für mich Melodie ja ich kenn dich von früher Lied meines Lebens ist das schön mein Herz wie es singt meine Arme dazu und der Kopf jetzt die Beine mein Körper überall wie es klingt innen und außen oben und unten es gibt keine Grenzen Welt voll Musik wie es schwingt klingt vibriert schwinge mich ein Teil dieser Welt die Welt Teil von mir alles ist eins alles ist eins.

»Und jetzt, Kira, kehrst du langsam wieder zurück. Atme noch mal tief ein und aus. Und wenn du so weit bist, kannst du die Augen aufmachen.«

Ich blinzelte und brauchte eine Weile, bis ich wusste, wo ich war. Rings um mich tanzte niemand, es gab keine dröhnenden Bässe, keinen Club. Stattdessen ein Zimmer, ein Tisch, zwei Stühle, sonst nichts.

Mein Therapeut lächelte mich an. »Und, wie war diesmal die Qigong-Übung?«

»Ziemlich gut«, sagte ich. »Mein Herz ist immer größer

geworden, und ich hab Töne gehört, eine wunderschöne Melodie.«

Mein Therapeut nickte. »Das klingt gut. Ich mag Qigong auch sehr, es ist eine tolle Form der Meditation. Und du strahlst richtig, wenn du davon erzählst. Wie geht es dir denn heute?«

»Gut«, antwortete ich. »Meine Nieren tun zwar noch ab und zu weh, aber ich kann jetzt endlich wieder durchschlafen. Und ich esse fast so viel wie Jessie. Langsam muss ich aufpassen, dass ich nicht fett werde.«

Mein Therapeut lachte. »Ich glaube, deswegen musst du dir bestimmt keine Sorgen machen, Kira.«

Ich erzählte weiter: »Und ich hab heute nur zweimal an Ecstasy gedacht, dann hab ich es wieder vergessen. Vor einem Monat wäre mir das nie passiert. Da war nichts anderes in meinem Kopf als der nächste Kick.«

»Ich erinnere mich daran«, sagte mein Therapeut. »Du hast damals in der Gruppe darüber gesprochen. An dem Tag hast du dir auch ziemliche Vorwürfe gemacht, weil du einen Rückfall hattest.«

Der Rückfall! Das alles kam mir ewig her vor. Es war aber auch wahnsinnig viel passiert inzwischen: Ich hatte die Schule gewechselt und den Kontakt zu meiner Party-Clique abgebrochen. Nur ab und zu hörte ich über irgendjemanden, wie es den anderen ging. Jannis hatte immer noch Angstzustände und Aussetzer. Er war in einer Suchtklinik. Sofie wollte mit den Drogen aufhören und versuchte gerade den Absprung. Esther, Leon und Kathrin machten anscheinend weiter, aber genau wusste ich es nicht und wollte es auch nicht wissen. Sie waren mir so fremd. Amelie zum Glück nicht mehr. Wir trafen uns zwar nicht länger in der Schule, aber dafür regelmäßig am Nachmittag. Nico war auch ein-, zweimal dabei gewesen, aber dann hatte er sein Coming-out gehabt und war erst mal ziemlich durch den Wind gewesen. Amelie und ich konnten es selber noch kaum glauben, dass er schwul war.

Mein Therapeut riss mich aus meinen Gedanken. »Hast du schon überlegt, ob du einen Sport anfangen willst? Du hast doch mal gemeint, dass du das Tanzen vermisst.«

»Stimmt«, sagte ich. »Ich war joggen, aber das hat mir nicht so gut gefallen. Vielleicht lag es daran, dass mein Vater dabei war. Er hat mich ganz verrückt gemacht mit seinen schlauen Tipps. Weiß nicht, vielleicht geh ich mal in eine Jazzdance-Gruppe oder so.«

Mein Therapeut nickte. »Keine schlechte Idee.« Dann nahm er einen Zettel vom Tisch und hielt ihn mir hin. »Das wollte ich dir noch mitgeben.«

»Was ist das?«, fragte ich und las die Überschrift: Trommel-Workshop.

»Das ist ein toller Kurs«, sagte mein Therapeut. »Da trommelt man zusammen in der Gruppe und trommelt so lange, bis sich das Herz öffnet und man in Trance kommt. Es ist ein bisschen wie beim Qigong.«

Ich steckte den Zettel ein. »Hört sich spannend an.«

»Ist es auch«, sagte mein Therapeut. »Der Leiter des Workshops hat aber auch schon viel Erfahrung. Er studiert Musik und arbeitet nebenher als Peer für eine Drogenberatungsstelle, das heißt, er geht in Clubs und ist direkt an der Szene dran. Aber was rede ich da, du kennst ihn ja! Es ist Ben.«

Ben? Auf einmal klopfte mein Herz schneller. Ben leitete den Workshop? Seit der Nacht im Club hatte ich ihn nicht wiedergesehen.

»Danke!«, sagte ich. »Ich glaub, da geh ich hin.«

»Okay«, sagte mein Therapeut. »Wenn du sonst nichts mehr auf dem Herzen hast, würde ich sagen, wir treffen uns nächste Woche wieder?«

Ich nickte und stand auf, verabschiedete mich und lief aus der Praxis hinaus auf die Straße. Nach ein paar Metern kam ich an einem parkenden Auto vorbei. Der Fahrer hatte das Fenster heruntergekurbelt und sein Autoradio laut aufgedreht. *Love makes the world go round.*

Ich lachte den Fahrer an. Dann überquerte ich die Straße und nahm die Melodie mit auf meinen Weg.

GLOSSAR

Designerdrogen

Die Bezeichnung leitet sich aus der Art der Herstellung ab. Es handelt sich dabei um synthetische Drogen. Die Produzenten verwenden bestimmte chemische Ausgangssubstanzen, verändern deren Molekularstruktur und »designen« neue Drogen. Mit diesem chemischen Umbau umgehen sie das Betäubungsmittelgesetz. Designerdrogen haben ein hohes psychisches Suchtpotenzial. Ecstasy, Amphetamine (Speed) und LSD werden oft fälschlicherweise zu den Designerdrogen gezählt, obwohl es sich dabei nicht um »umgebaute« Drogen handelt, sondern um Stoffe, die ursprünglich nicht als Rauschmittel konzipiert waren und deren Rauschwirkung erst später durch Zufall entdeckt wurde.

Empathische Drogen

Empathische Drogen steigern in hohem Maße die Wahrnehmungsfähigkeit und das Einfühlungsvermögen in die Gefühlswelt anderer Menschen. Kommunikationsschranken werden dadurch herabgesetzt, und man fühlt sich sozial kompetenter. Das Gemeinschaftsgefühl wird erheblich gesteigert bis hin zu Verschmelzungsgefühlen.

Entaktogene

Entaktogene Stoffe verstärken die Empfindung und die Wahrnehmung für das eigene tiefe Innere. Sie berühren das eigene Selbst und fördern das Erleben von Ganzheitserfahrungen.

Ecstasy

Ecstasy, XTC oder E ist ein Sammelbegriff für verschiedene Substanzen mit ähnlicher chemischer Struktur und Wirkung. Neben MDMA fallen auch die chemisch artverwandten Substanzen MDA, MDE, MDEA und MBDB unter den Oberbegriff Ecstasy. Als Beimengungen und auch als Hauptwirkstoffe sind Amphetamine, Halluzinogene (z. B. DOB), Koffein und andere toxische Substanzen wie PMA und Atropin in den Pillen zu finden.
Name, Farbe, Größe und Form der Tabletten sagen nichts über Qualität und Inhaltsstoffe aus. Von bestimmten Pillen werden häufig Plagiate (Nachahmungen) hergestellt. Daher können ähnlich aussehende Pillen völlig verschiedene Inhaltsstoffe haben. Eine Pille enthält in der Regel 50 bis 150 mg MDMA oder artverwandte Substanzen. Ecstasy ist wie alle Amphetaminabkömmlinge nach dem Betäubungsmittelgesetz (BtmG) eine illegale Substanz. Erwerb, Besitz und Handel sind strafbar. Ecstasy wird in verschiedenen Erscheinungsformen angeboten: entweder als weißes, kristallines Pulver in Kapseln oder meist als runde, flache Tabletten mit unterschiedlichen Prägemotiven (z. B. Vögel, Herzen, Delfine, Schmetterlinge oder Symbole von Automarken).

Ecstasy: allgemeine Wirkung

Ecstasy bewirkt im Gehirn die Ausschüttung des körpereigenen Botenstoffes Serotonin (Glücksgefühlsauslöser) und verhindert gleichzeitig die Aufnahme des Serotonins in den körpereigenen Speicher. In geringem Maße bewirkt die Droge auch die Freisetzung von Dopamin und Noradrenalin (höhere Leistungsfähigkeit). Das Wirkungsspektrum von Amphetaminderivaten kann je nach Ausgangsstoff unterschiedlich sein: bei MDMA, MDA eher antriebssteigernd und euphorisierend, bei MDE, MDEA eher dämpfend und halluzinogen. In der Regel fühlt man sich entspannt, weniger gehemmt und hat das Gefühl, alles intensiver zu erleben. Das Wirkungsspektrum umfasst Euphorie, Gefühlsintensivierung, Empathie, erhöhte Kontaktbereitschaft, verbesserte Selbstbeobachtung, erhöhte Kommunikationsfähigkeit, Enthemmung, erhöhte Selbstsicherheit, gesteigertes Vertrauen, Angstminderung etc. Die Wirkung ist auch sehr von individuellen Faktoren abhängig (z. B. psychische Verfassung, Stimmung oder Persönlichkeit, Absicht der Einnahme, erwartete Drogenwirkung, körperlicher Zustand) sowie vom äußeren Umfeld. Ecstasy kann sowohl positive als auch negative Gefühlszustände verstärken, bis hin zum Horrortrip mit Wahnvorstellungen und Todesangst.

Ecstasy-Kurzzeitwirkungen und Risiken

Die positiv erlebten Effekte werden begleitet von einer Steigerung des Blutdrucks, einer Beschleunigung der Herzfrequenz bis hin zu Herzrasen, Muskelkrämpfen, Erweiterung der Pupillen, Schwitzen, Verkrampfungen der Kiefermuskulatur, Übelkeit, Erbrechen, Schwindel, Augenzittern, Hitze- und Kältewallungen und motorischer Unruhe. Auf psychischer Ebene kann es zu einer Erhöhung der Verletzlichkeit, Angstgefühlen, Verwirrtheit, Wahnvorstellungen und Panikattacken kommen. Warnsignale wie Erschöpfung, Schmerz sowie Durst- und Hungergefühl werden unterdrückt. So kann es bei langem und pausenlosem Tanzen zu einer gefährlichen Erhöhung der Körpertemperatur (bis 43°C) kommen, die zu einer Reihe gesundheitlicher Folgeprobleme führt: Krämpfe, Blutgerinnungsstörungen (Gefahr einer inneren Blutung, Schlaganfallrisiko wird begünstigt), Kreislaufversagen durch Hitzekollaps bis hin zum Wärmetod infolge eines Hitzschlags. Nach Abklingen des E-Films sind Erschöpfungszustände, Müdigkeit, Depressionen, Antriebsminderung, Hautprobleme, Leber- und

Nierenbeschwerden, Herz-Kreislauf-Beschwerden, Kopfschmerzen, Gedächtnisstörungen und Schlaflosigkeit möglich: der sogenannte Ecstasy-Kater.

Ecstasy-Langzeitwirkungen und Risiken

Bei regelmäßigem Ecstasy-Konsum nimmt die entaktogene (gefühlserzeugende und -verstärkende) Wirkung ab. Übrig bleibt eine »speedähnliche«, antriebssteigernde und enthemmende Wirkung. Bei häufigerem Konsum und höheren Dosen kann es zu Leber- und Nierenschäden sowie zu Herzfunktionsstörungen kommen. Neueste Untersuchungen zeigen, dass Ecstasy Hirn- und Nervenschädigungen auslösen kann. Die Folge sind z. B. Gedächtnisstörungen, Konzentrationsschwäche, Sprachstörungen und Persönlichkeitsveränderungen. Ecstasy-Konsum bewirkt keine körperliche Abhängigkeit, jedoch besteht die Gefahr, eine psychische Abhängigkeit zu entwickeln (»feiern und gute Laune nur noch auf Pille«).

Ecstasy-Wirkstoffe

MDMA ist das ursprüngliche »Ecstasy« und wird auch »Adam« genannt. Neben der gefühlserzeugenden und -verstärkenden (entaktogenen) Hauptwirkung hat es deutlich antriebssteigernde, tanztreibende Eigenschaften sowie eine empathische Wirkung. Die halluzinogene Wirkung ist dagegen nur schwach ausgeprägt. MDMA ist 3 bis 5 Stunden wirksam.
MDA ist die Ausgangssubstanz für MDMA und ebenfalls antriebssteigernd. Es hat eine stärkere halluzinogene Wirkung als MDMA. Die entaktogene (gefühlserzeugende und -verstärkende) Wirkung ist weniger ausgeprägt als bei MDMA, die empathischen Effekte sind noch schwächer. Allerdings wird das Kommunikationsbedürfnis gesteigert. MDA wirkt von allen E-Stoffen am längsten (ca. 8 bis 12 Stunden). Häufige unangenehme Nebenwirkungen sind Gleichgewichtsstörungen und Desorientierung. MDA kann zu Gehirnschäden führen!

MDEA (auch »Eve« genannt) ist nicht antriebssteigernd, sondern wirkt eher dämpfend. Die empathische Wirkung ist schwächer, die entaktogene dafür jedoch wesentlich stärker ausgeprägt. MDEA wirkt kürzer als MDMA (2 bis 3 Stunden). Es ist preiswerter als MDMA herzustellen und daher sehr weit verbreitet. MDEA kann wegen seiner halluzinogenen Wirkung unvorhersehbare und beunruhigende Rauschzustände hervorrufen.
MBDB wurde als Prototyp eines Gefühlsverstärkers/Gefühlserzeugers (Entaktogens) designt. Wegen der fehlenden antriebssteigernden Wirkkomponente ist es als Tanztreiber auf Partys wenig beliebt, während »Sofa- und Schlafzimmer-User« diesen Stoff bevorzugen. MBDB wirkt etwa 4 bis 5 Stunden.
DOB wirkt ähnlich entaktogen (gefühlserzeugend und -steigernd) wie MDA, jedoch bis zu 100-fach stärker halluzinogen. Es zählt zu den stärksten psychoaktiven Substanzen. Eine Einzeldosis wirkt extrem lang (bis zu 30 Stunden!).

Erste Hilfe bei Komplikationen im Umgang mit Drogen

1. Wenn jemand eine illegale Droge eingenommen hat und sich danach auffallend merkwürdig verhält, bleib in seiner Nähe und beobachte ihn. Hole Hilfe, wenn ihm schlecht wird.
2. Sofortige Hilfe ist nötig, wenn sich jemand nach der Einnahme von Drogen erbrechen muss, Angst bekommt oder die Kontrolle verliert.
3. Rufe einen Notarzt, oder sorge dafür, dass der Betreffende (das kannst auch du sein!) sofort in ein Krankenhaus oder ein Notfallzentrum gebracht wird.
4. Berichte dem Arzt oder Sanitäter genau, welche Droge(n) vermutlich genommen wurde(n), wie viel davon und wann.
5. Keine Angst vor Strafen! Ärzte sind an die Schweigepflicht gebunden. Leben zu retten ist das Wichtigste!

Halluzinogene

Halluzinogene haben eine stark bewusstseins- und sinnesverändernde Wirkung. Dabei vermischen sich die eigene psychische Realität und die äußere materielle Realität. Empfindungen aus der eigenen inneren Erlebniswelt werden nach außen projiziert und dann als Dinge und Vorgänge außerhalb des eigenen Selbst wahrgenommen. Dies kann zu Orientierungsschwierigkeiten, Realitätsverlust und horrorartigen Erlebnissen führen.

Mischkonsum

Mischkonsum bedeutet, wenn gleichzeitig mehrere Drogen konsumiert werden. Dabei überlappen sich die Wirkungsspektren der jeweiligen Drogen. Durch die Wechselwirkungen von mehreren Substanzen sind die Risiken beim Mischkonsum sehr viel höher als beim jeweiligen Konsum der einzelnen Substanzen. Belastungen für Körper und Psyche sind bei einigen Substanzkombinationen schwer voraussehbar.

MISCHKONSUM VON ECSTASY UND SPEED/CRYSTAL

Hier kommt es zu einer extremen Belastung des gesamten Organismus, die Toxizität (Giftigkeit) der beiden Substanzen nimmt zu, und zusätzlich steigt die Gefahr einer Überdosierung. Neben dem Auftreten verstärkter Halluzinationen liegt das eigentliche Problem in der Kombination der erwünschten Wirkungen beider Drogen, d. h., die durch Speed hervorgerufene erhöhte körperliche Leistungsbereitschaft in Kombination mit dem durch Ecstasy verursachten Ausschalten körperlicher Warnsignale begünstigen Austrocknung, Nierenschäden, Herzversagen und Kreislaufzusammenbrüche.

MISCHKONSUM VON ECSTASY UND LSD (»CANDY FLIPPING«)

Diese Kombination führt zu starken Wahrnehmungsveränderungen mit optischen und akustischen Halluzinationen. Die

Wirkung beider Substanzen wird verstärkt. Dies kann bis hin zu Horrortrips und Psychosen führen.

MISCHKONSUM VON ECSTASY UND KOKAIN

Das Mischen von Ecstasy mit Kokain führt zu einer erhöhten Herz-Kreislauf-Belastung (hoher Blutdruck und beschleunigter Herzschlag). Infolgedessen kann es zu einem starken Flüssigkeitsverlust und einer Beeinträchtigung der Atmung kommen. Auch treten depressive Verstimmungen und unbeabsichtigte Überdosierungen bei dieser Kombination vermehrt auf.

MISCHKONSUM VON ECSTASY UND ALKOHOL

Durch den Konsum von Ecstasy wird der Alkoholrausch vermindert wahrgenommen. Dies erhöht das Risiko einer Alkoholvergiftung und kann zu Übelkeit und Erbrechen führen. Auch erhöht diese Mischung die Gefahr, eine Hyperthermie (abnorm erhöhte Körpertemperatur) zu erleiden.

MISCHKONSUM VON ECSTASY UND CANNABIS

Cannabis kann die Ecstasy-Wirkung dämpfen, aber auch genau das Gegenteil bewirken. Es kann zu starken Halluzinationen und Bewegungsunfähigkeit kommen. Durch den Konsum von Ecstasy wird die austrocknende Wirkung verstärkt. Dies kann zu einem Hitzschlag, Nierenversagen und Bewusstlosigkeit führen.

Safer-Use-Regeln

Es gibt keinen risikofreien Drogengebrauch! User, die dennoch Ecstasy nehmen, sollten folgende Safer-Use-Regeln deshalb unbedingt beachten:

1. Nimm niemals Drogen, wenn du schlecht drauf bist oder in einer für dich unangenehmen Atmosphäre bzw. wenn du Angst vor diesen Substanzen hast.

2. Form, Farbe und Motiv einer Ecstasy-Tablette sagen nichts über ihren Inhalt aus. Du weißt nie, was du gekauft hast, darum nimm immer erst ein Viertel oder die Hälfte einer Tablette ein (antesten). So kannst du dich in einem gewissen Maße vor einer Überdosis und vor der Wirkung unerwarteter Substanzen schützen.
3. Beim Konsum von Ecstasy auf Techno-Partys musst du darauf achten, ausreichend alkoholfreie Getränke zu dir zu nehmen. Mach öfter Tanzpausen, und tanke dann frische Luft bzw. ruhe dich in einem Chill-out-Space (Raum) aus.
4. Zwei Ecstasy-Tabletten an einem Wochenende sind eine extrem hohe Dosis. Je kürzer die Abstände beim Ecstasy-Konsum, umso größer wird die Gefahr von schädlichen Nebenwirkungen und psychischer Abhängigkeit.
5. Mischkonsum mit anderen Drogen wie Speed, LSD oder Alkohol reduziert die E-Wirkung, erhöht aber das gesundheitliche Risiko. Akzeptiere es, wenn die E-Wirkung abklingt, und vermeide es »nachzuwerfen«.
6. Nimm nie alleine Drogen, und achte auf deine Freunde. Sollte es zu gesundheitlichen Komplikationen kommen, ruf sofort den Notarzt, und kläre ihn über den Drogenkonsum auf. Er ist an seine Schweigepflicht gebunden.
Achtung: Die Safer-Use-Regeln sollen nicht als Aufforderung zum Drogenkonsum missverstanden werden!

Adressen und Links

www.drug-infopool.de
Online-Dienst mit vielen Infos, Forum, Erste-Hilfe-Tipps und Links

Mindzone
Lessingstraße 3, 80336 München
Tel.: 089/54 49 71 72
www.mindzone.info

Drogenhilfe Köln GmbH
Victoriastraße 12, 50668 Köln
Tel.: 0221/91 27 97 27
www.partypack.de

eve&rave Münster e. V.
Schorlemerstraße 8, 48143 Münster
Tel.: 0251/38 38 12 83
www.eve-rave.de

ALICE – The Drug- and Culture-Project
Musikantenweg 22, 60316 Frankfurt/Main
Tel.: 069/48 00 49 50
www.alice-project.de

Deutsche Hauptstelle für Suchtfragen e. V.
Postfach 13 69
59003 Hamm
Tel.: 02381/90 15-0
www.dhs.de

Informationstelefon zur Suchtvorbeugung
Bundeszentrale für gesundheitliche Aufklärung
Tel.: 0221/89 20 31